EL GUARDIÁN DE TU CORAZÓN

DORESMI MERCADO

El Guardián de tu corazón

ISBN: 9798371731258

Independenltly published
Para invitaciones o pedidos: email:rivmer@gmail.com
Edición: Amneris Meléndez

TABLA DE CONTENIDO

PRÓLOGO

Son muchas las veces que he escuchado el texto: "Sobre toda cosa guardada, guarda tu corazón porque de él mana la vida", sin embargo, no he visto ni escuchado muchas enseñanzas que profundicen en ese versículo. Este libro te llevará a tener una visión ampliada de un tema sumamente importante en nuestro diario caminar.

La vida del creyente es una carrera que comenzó el día que aceptamos al Señor como nuestro Salvador. Desde ese momento, nuestro adversario buscará por todos los medios posibles empujarnos del carril donde debemos permanecer corriendo, para que nos caigamos y no terminemos la carrera. Es de vital importancia que entendamos cómo guardar nuestro corazón, ya que, de esa manera, evitaremos que el adversario nos saque de esa carrera.

No tengo duda alguna que este libro será una herramienta útil que complementará tu estudio de la Palabra de Dios. Esa seguridad que tengo es porque soy testigo del tiempo valioso que le dedica mi esposa Doresmi Mercado al estudio de la Palabra de Dios. En Lucas 6:45 dice: "El hombre bueno, del buen tesoro de su corazón saca lo bueno; y el hombre malo, del mal tesoro de su corazón saca lo malo; porque de la abundancia del corazón habla la boca". Precisamente, de esa abundancia, es que nace este libro para ayudarte a entender lo trascendental que es guardar tu corazón.

Bendiciones,

Rafael Rivera

INTRODUCCIÓN

"Sobre toda cosa guardada, guarda tu corazón; porque de él mana la vida" – Proverbios 4:23 (RVR1960).

¿A qué se refiere este versículo con el corazón? ¿Será al órgano físico? Si has leído la Biblia habrás notado que la palabra "corazón" se menciona muchísimo. Entonces, definitivamente es algo a lo que debemos prestarle atención. Cada vez que vemos esta palabra en las Escrituras se refiere a la combinación o integración del alma y del espíritu. Es la parte más interna de nuestro ser, es nuestra esencia. Nosotros somos un espíritu que tiene un alma y vive en un cuerpo. Cuando aceptamos a Jesús como Salvador, nuestro espíritu es nuevo y perfecto; y debe dominar el alma, que es donde están las emociones, voluntad, pensamientos, etc. Este dominio del alma ocurre paulatinamente mediante la renovación de nuestra mente, estudiando las Escrituras, pasando tiempo con Dios para conocer Su perfecta voluntad y actuando conforme a ella. Esto no se da de un día para otro, toma tiempo, pero hay que empezar. Es un continuo aprendizaje, ya que nunca conoceremos todo lo relacionado con Dios porque la Palabra es eterna. Es necesario que cada día profundicemos más y vayamos madurando espiritualmente. Nunca pienses que, porque llevas años en el evangelio lo sabes todo. ¡En una sola Escritura hay tanto revelado! No sé si te ha pasado como a mí que leo un versículo, que he leído otras veces, pero en esa ocasión Dios me revela algo que no había notado antes y es que la Palabra está viva. Cada vez que leas una Escritura, Dios te revelará un nuevo ángulo de la misma verdad. Permite que la Palabra moldee tus pensamientos. Esto lo podemos ver claramente en *Romanos 12:2 (NTV):*

"No imiten las conductas ni las costumbres de este mundo, más bien dejen que Dios los transforme en personas nuevas al ***cambiarles la manera de pensar****. Entonces aprenderán a conocer la voluntad de Dios para ustedes, la cual es buena, agradable y perfecta".*

La meta debe ser que nuestra alma (pensamientos y emociones) esté alineada con nuestro espíritu. Por eso la importancia de guardar nuestro corazón. La responsabilidad de guardar el corazón recae en nosotros mismos y la manera correcta de hacerlo es prestándole atención a Dios. ¡Así evitaríamos muchas situaciones desagradables!

A través de este libro aprenderemos sobre la importancia de enfocarnos en la Palabra de Dios para así guardar nuestro corazón, porque precisamente ahí es donde comienza todo en nuestra vida, es ahí donde se toman las decisiones y se disfruta o se sufre las consecuencias de las mismas. En *Lucas 6:45-47 (RVR1960) se nos enseña que :*

"El hombre bueno, del buen tesoro de su corazón saca lo bueno; y el hombre malo, del mal tesoro de su corazón saca lo malo; porque de la abundancia del corazón habla la boca". Procuremos guardar y mantener el buen tesoro que hay en nuestro corazón.

EN EL CORAZÓN COMIENZA TODO

¿Te has dado cuenta de que toda decisión que tomamos pasa primero por nuestro corazón? Algo llega a nuestro corazón, pensamos en eso, nos imaginamos cómo sería, entonces tomamos una decisión y la llevamos a cabo. A veces son cosas hermosas con consecuencias maravillosas, pero en otras ocasiones son cosas malas y peligrosas que traen a nuestra vida amargas consecuencias. Más adelante vamos a ver que Jesús comparó nuestro corazón con un terreno para sembrar. ¡Que bendición cuando le permitimos al Señor sembrar Su Palabra en el terreno de nuestro corazón! Pero lamentablemente muchas veces las semillas que se siembran en nuestro corazón no vienen de Dios, sino del maligno. Recuerda que lo que siembras o lo que permites que te siembren en tu corazón es exactamente lo que cosecharás, sea bueno o malo. Por esta razón es de suma importancia guardar nuestro corazón. Te comparto una Escritura en dos traducciones para que puedas ampliar el entendimiento en ellas.

Proverbios 4:23 (NTV) dice: "Sobre todas las cosas cuida tu ***corazón****, porque este determina el rumbo de tu vida".*

Proverbios 4:23 (PDT) dice: "Ante todo, cuida tus ***pensamientos*** *porque ellos controlan tu vida".*

Fíjate que en la traducción Palabra de Dios para Todos intercambia la palabra corazón por pensamientos. Y está correcto porque están directamente relacionados. Nuestra forma de actuar refleja los pensamientos dominantes, lo que realmente hay en nuestro corazón. Sin duda alguna, los pensamientos controlan y determinan el rumbo de nuestra vida. Afectan no solo lo emocional sino también lo físico. Personas que tienen constantemente pensamientos negativos, terminan enfermos y enfermando también a quienes le rodean. Sin embargo, las personas positivas, llenas de fe son saludables, transmiten vida y paz a donde quiera que vayan. Hay personas que padecen enfermedades que han sido tratadas por años, incluso han orado por años, pero siguen en ese sufrimiento, porque la raíz está en el alma. Se han sometido al temor, a la búsqueda de la aprobación de la gente, a la ansiedad, al resentimiento, al coraje... y todo eso afecta el cuerpo. Hasta que no le entreguen de verdad al Señor todo lo que está sucediendo en su alma, esas enfermedades estarán presentes. Tengo buenas noticias, Dios quiere traerte libertad, pero tú tienes que hacer una parte. En este libro vamos a estar viendo cuál es la parte del Señor y cuál es la nuestra.

El libro de Proverbios está repleto de consejos, pero esta Escritura nos dice que, sobre todas las cosas, sobre todos esos consejos, guardemos nuestro corazón. Esa es nuestra responsabilidad. Me parece que es el consejo más importante del libro de Proverbios, ya que resume todos los demás. Pienso que al guardar nuestro corazón estamos actuando de manera automática conforme a los demás consejos referentes a la vida diaria. Es la respuesta para todas las áreas de nuestra vida. En las relaciones con las personas el consejo principal es: guarda tu corazón; en las finanzas, guarda tu corazón; en los asuntos de trabajo, guarda tu corazón; en la crianza, guarda tu corazón; en la toma de decisiones, guarda tu corazón. Cuando lo haces hay protección para ti y para los tuyos.

LOS PORTONES QUE DAN ACCESO A TU CORAZÓN

Ya expliqué lo importante que es guardar nuestro corazón, pero ¿cómo lo hacemos? Controlando el acceso de lo que entra o sale de él. Hace algún tiempo, el Señor me dirigió a escuchar al predicador Jeremy Pearsons, quien habló sobre este tema y enseñó algo que ministró muchísimo a mi vida y quiero compartirlo contigo. Él explicó que hay unos "portones" a través de los cuales le damos acceso a que muchas cosas entren en nuestro corazón o salgan de él.

Vamos a profundizar un poco en esto. *Proverbios 4:20-26 (RVA-2015)*

[20] Hijo mío, pon atención a mis palabras;
*inclina tu **oído** a mis dichos.*
*[21] No se aparten de tus **ojos**;*

guárdalos en medio de tu corazón.
[22] Porque ellos son vida a los que los hallan
y medicina para todo su cuerpo.
[23] Sobre toda cosa guardada,
guarda tu corazón;
porque de él emana la vida.
[24] Aparta de ti la perversidad de la ***boca***
y aleja de ti la falsedad de los labios.
[25] Miren tus ojos lo que es recto
y diríjase tu vista a lo que está frente a ti.
[26] Considera la senda de tus ***pies***
y todos tus caminos sean correctos.

Oscurecí cuatro palabras que aprendí que son los portones que dan acceso a nuestro corazón: oídos, ojos, boca y pies. Todos ellos están conectados con nuestro corazón porque lo que oímos, lo que vemos, lo que hablamos y hacia dónde nos dirigimos va a afectar nuestro corazón (pensamientos). Estos controlarán y determinarán el rumbo de nuestra vida. ¡Lo que oyes y ves sí importa! ¡Lo que hablas y dónde frecuentas sí importa!

Hablando en general, se presta más atención a las noticias y a lo que pueda decir el gobierno o la gente, que a la Palabra de Dios. Lamentablemente para muchos esa es la autoridad final al tomar decisiones. Sin embargo, la Biblia dice que le prestes atención a la Palabra de Dios, que lo escuches atentamente. Sé que el Señor quiere que reflexionemos y hagamos los ajustes necesarios por nuestro bien.

¿Qué palabra tiene la autoridad final en nuestras vidas: la de Dios o la del mundo? ¿En qué fundamento están basadas nuestras decisiones: en Dios o en el mundo? ¿A cuáles palabras estamos respondiendo? Debemos meditar en esto de manera profunda porque literalmente nuestra vida depende de tomar las decisiones correctas guiadas e influenciadas por la Palabra de Dios. El versículo 22 dice que las palabras de Dios traen vida y medicina a los que las encuentran. Para encontrar hay que buscar, no es algo que se te aparece de momento o con lo que tropiezas de vez en cuando. Hay que buscar de Dios, hay que pasar tiempo de calidad con Él, hay que estudiar las Escrituras. Fíjate que no es vida y medicina para todo el mundo, es para los que la hallan. Esto tal vez conteste algunas preguntas que le hayamos hecho al Señor sobre el desenlace inesperado de ciertas cosas.

Te preguntarás, ¿cómo las hallo? El versículo 20 tiene la respuesta: prestando atención a las Escrituras y manteniendo tu enfoque cuando las escuchas. En este mundo que vivimos es un reto mantenerse enfocado. Hay muchas distracciones para evitar que prestes atención a la Palabra de Dios. El problema es que cuando esto sucede no puedes hallar vida y salud. Si en verdad queremos tener una vida plena y satisfactoria como es el deseo de Dios, tenemos que estar alerta de las distracciones que llegan a nuestra vida para no desenfocarnos. En mi libro "Distracciones" hablo más profundamente de esto. Lo puedes adquirir por Amazon o escucharlo a través del canal de You Tube: Puerta de Bendición y Restauración.

Hay cosas que no nos conviene ver ni escuchar porque nos van a afectar. También debemos tener cuidado con lo que nuestros hijos ven y escuchan, esa es nuestra responsabilidad. Hay que enseñarles a que sean selectivos en sus juegos electrónicos, en las redes sociales y en la televisión, porque no siempre vamos a estar a su lado. Recuerda enseñarles el por qué algo está bien o mal, refiriéndolos a las Escrituras. Ese debe ser el lugar donde ellos vayan para diferenciar lo que está mal de lo que está bien según Dios y no según la sociedad. Si desde pequeños les vamos inculcando la opinión de Dios, establecida en Su Palabra para cada situación, nos evitaremos muchos dolores de cabeza y sembraremos en su corazón una buena semilla, la cual los bendecirá el resto de sus vidas.

Voy a compartir lo que Dios ministró a mi vida acerca de cada uno de esos portones o puertas que dan acceso a nuestro corazón. Sé que traerá libertad a tu vida, como la trajo a la mía.

OÍDO

Esta Escritura de Proverbios habla primero del oído. Todo lo que escuchamos son semillas que llevan el propósito de ser sembradas en nuestro corazón para producir fruto. Si aceptaste a Jesús como tu Salvador, fue porque escuchaste de Dios. Alguien te enseñó sobre la salvación (sembró esa semilla en tu corazón), la aceptaste (esa semilla dio fruto de salvación) y ¡gloria a Dios por eso! *Romanos 10:13-15 (NTV) dice "Pues «todo el que invoque el nombre del Señor será salvo». ¿Pero cómo pueden ellos invocarlo para que los salve si no creen en él? ¿Y cómo pueden creer en él si nunca han oído de él? ¿Y cómo pueden oír de él a menos que alguien se lo diga? ¿Y cómo irá alguien a contarles sin ser enviado? Por eso, las Escrituras dicen: «¡Qué hermosos son los pies de los mensajeros que traen buenas noticias!»"* Llegaste a Dios porque oíste de Él.

El resto de tu vida como cristiano es así mismo, escuchas la Palabra que trae solución o respuesta a alguna situación de tu vida, esa Palabra se siembra en tu corazón y produce fruto. *Romanos 10:17 (NTV) establece "Así que la fe viene por oír, es decir, por oír la Buena Noticia acerca de Cristo".*

Es maravilloso cuando escuchamos acerca de las cosas de Dios, pero no lo es cuando escuchamos constantemente todo lo contrario a lo de Dios. Si con frecuencia escuchas noticias negativas, no va a venir fe a tu vida. Porque lo que estás dejando que pase por ese portón es el temor y este va a producir fruto si permites que se siembre en el terreno de tu corazón. A veces nos cuidamos de escuchar ciertos programas o películas, pero también hay que cuidarse de lo que oímos de algunos predicadores. He aprendido a ser muy selectiva y cuidadosa con lo que escucho, hay enseñanzas que no edifican la fe, por el contrario, te conducen al temor y al desánimo, porque en vez de escuchar las Buenas Noticias del Evangelio estás oyendo malas noticias que te roban la esperanza y te añaden cargas emocionales a tu vida. A veces se predica más acerca de las tradiciones religiosas, que se aprenden de generación en generación, que de la misma Biblia. Lo peor es que estas tradiciones no están conforme a lo que dice la Biblia, sino que son eco de lo que por años alguien enseñó para tal vez justificar o espiritualizar algo negativo que sucedió. Jesús lo expresó en Marcos 7:13: *"Así, por la tradición que se transmiten entre ustedes, anulan la palabra de Dios. Y hacen muchas cosas parecidas".*

Con mucho respeto voy a enfocarme en esta área y voy a mencionar algunas de estas enseñanzas erróneas con el propósito de que puedas ver al Dios bueno que te quiere bendecir. Estas "tradiciones religiosas" han hecho mucho daño a los creyentes, y por eso vemos, hablando en general, cristianos débiles, enfermos, temerosos y rendidos ante las circunstancias. Incluso algunos mueren antes de tiempo por el tipo de enseñanza que han recibido. Es por esto que Dios ha puesto en mi espíritu escribir sobre estas cosas y evidenciarlo con las Sagradas Escrituras. Mi intención no es condenar ni contender, sino que puedas reflexionar sobre esto y experimentar la libertad que Dios ha provisto para ti en todas las áreas de tu vida. Si no estás de acuerdo con lo que voy a exponer, no hay problema, solo te pido con mucho cariño que continúes leyendo el resto del libro y no lo deseches porque sé que Dios ministrará a tu vida a través del mismo.

Algunos cristianos e iglesias enseñan que Dios trae o permite que pases por situaciones difíciles para que puedas crecer y aprender. Esto lo escuchamos en la radio y televisión cristiana, en las canciones, lo vemos por las redes sociales, incluso hasta la gente que no es cristiana lo repite. Por mucho tiempo estuve creyendo todas estas cosas y lo que traía a mi vida era desilusión, desánimo, un sentido de injusticia y miedo a Dios. Cada vez que me pasaba algo malo me decían que era Dios quien lo enviaba o permitía para cumplir un propósito en mi vida, a su vez, yo le decía a la gente que si no fuera por eso no me hubiera acercado más a Dios o que fue para purificarme. Pero lo hacía para justificar la situación porque por dentro tenía raíces de amargura contra Dios. Pensaba, "¿por qué permites que tenga este dolor intenso para hacerme crecer?" Claro, ante la gente no lo demostraba, pero eso es lo que realmente sucede. ¡Son máscaras religiosas! Pero Dios es tan bueno que me llevaba a las Escrituras donde reflejaba claramente que Él no era quien me ponía el dolor o la angustia, al contrario, Él cargó ese dolor para que yo no lo llevara. Pero la religión me enseñaba lo contrario, hasta que a través de buenas enseñanzas, conforme a la Palabra de Dios, pude ver que Dios no era el que me ponía enfermedades para que creciera espiritualmente, tampoco era quien se lo permitía a Satanás, sino que era por dos razones: Satanás o las consecuencias de mis decisiones.

Eso trajo una libertad extraordinaria a mi vida. Uno de esos buenos maestros que Dios usó para traer claridad a mi vida en esta área fue el Pastor Pedro Cotto. ¡Gracias Jesús por tu bondad y por traer libertad a mi vida! El Señor me ha dirigido para que, a través de este libro, tengas esa misma libertad y conozcas quién realmente está detrás de todas las cosas malas que suceden.

Me entristece mucho escuchar a la gente diciendo que Dios se "llevó" a un niño, a unos jovencitos, a una madre o padre con niños pequeños porque los necesitaba en el cielo. ¿Sabes el mensaje nefasto que están llevando para los que se quedaron? ¿En realidad Dios los necesitaba en el cielo o es una excusa que dan para consolar? ¡Cuántos jóvenes no quieren acercarse a Dios y están rebeldes porque alguien le dijo que fue Dios quien se llevó a su familiar! He escuchado que Dios se lleva niños para convertirlos en angelitos. Eso no es así. Nosotros somos una naturaleza diferente a los ángeles, somos hechos a la imagen y semejanza de Dios. Ningún niño, ninguna persona, se convierte en ángel luego de morir. Eso es un invento de la gente, no hay Escrituras que lo respalden. Tampoco Dios anda matando a nadie. Jesús explicó claramente que el que viene a robar, matar y destruir es el enemigo (Satanás), Jesús vino para dar vida y darla en abundancia. Dios no es el destructor, Él es el restaurador, el Dador de vida. La gente le echa la culpa a Dios por todo cuando no es así. Si algo te roba, mata o destruye, enfila tus cañones hacia Satanás. *Juan 10:10 (RVA-2015) "El ladrón no viene sino para robar, matar y destruir. Yo he venido para que tengan vida, y para que la tengan en abundancia".*

Vivimos en un mundo caído y por eso suceden tantas cosas malas, pero estas no son orquestadas por Dios. Por el contrario,

Dios ofrece la salida para cada situación. *Jesús dijo en Juan 16:33 (NTV): "Les he dicho todo lo anterior para que en mí tengan paz. Aquí* ***en el mundo*** *tendrán muchas pruebas y tristezas; pero anímense, porque yo he vencido al mundo".* El que trae las pruebas y las tristezas es este mundo caído, este sistema gobernado por Satanás, pero Jesús dice algo extraordinario: *"Anímense porque YO he vencido al mundo".* En Él está la victoria y nosotros estamos en Él. Incluso Su Palabra nos enseña constantemente cómo evitar meternos en problemas. Además, tenemos al Espíritu Santo que pone en nuestro corazón lo que nos conviene hacer para protegernos, si debemos ir o no a un lugar ese día, si debemos compartir o no con ciertas personas, por eso es importante prestar atención a la voz de Dios. Que bueno es estar en el lugar correcto, en el momento correcto, con las personas correctas, haciendo lo correcto, pero que malo sería lo contrario. Por eso, en medio de este mundo peligroso, Dios ofrece protección al que habita en Él (Salmo 91:1). Lee con calma el Salmo 91, medita en cada versículo y créelo. Hazlo tuyo, decláralo sobre tu vida y la de tu familia. El último versículo habla de que Dios dará una larga vida a los que habitan en Él. No tenemos que morir jóvenes ni enfermos. Estas son buenas noticias que nos llenan de fe y que son una realidad porque está establecido en la Palabra de Dios y Él no miente.

¿Sabes que la Palabra establece que tú puedes alargar o acortar tus días? Te comparto algunas de ellas:

- ✓ *"Honra a tu padre y a tu madre, para que **tus días se alarguen** en la tierra que Jehová tu Dios te da". Éxodo 20:12 (RVR1960)*
- ✓ *"Hijo mío, no te olvides de mi ley, y tu corazón guarde mis mandamientos; porque **largura de días y años de vida y paz te aumentarán**". Proverbios 3:1-2 (RVR1960)*

- ✓ *"¿Quieres vivir una **vida larga y próspera?** ¡Entonces refrena tu lengua de hablar el mal y tus labios de decir mentiras! Apártate del mal y haz el bien; busca la paz y esfuérzate por mantenerla". Salmos 34:12-14 (NTV)*

- ✓ *"El temor de Jehová **aumentará los días;** mas los años de los impíos **serán acortados**". Proverbios 10:27(RVR1960)*

- ✓ *"Tú, oh Dios, harás descender a aquellos al pozo de la destrucción. Los hombres sanguinarios y engañadores **no llegarán a la mitad de sus días**, pero yo confiaré en ti". Salmos 55:23 (RVA-2015)*

- ✓ Incluso el mismo Pablo no sabía escoger si vivir o morir: *"Porque para mí, vivir es servir a Cristo y morir sería una ganancia. Pero si sigo viviendo en este cuerpo, aprovecharé más mi trabajo. Por eso no sé qué **escoger.** Es muy difícil **escoger entre vivir o morir.** Algunas veces quisiera dejar esta vida y estar con Cristo, pues eso* *sería mucho mejor. Pero quedarme en la tierra es mucho más necesario para seguirles ayudando a ustedes". Filipenses 1:21-23 (PDT)*

Tal vez puedas decirme que el *Salmo 90:10 (RVC) dice: "Setenta años son los días de nuestra vida; ochenta años llegan a vivir los más robustos".* Es cierto que dice eso, pero este salmo es una oración que hizo Moisés. La Biblia Amplificada tiene una nota aclarando este salmo y te comparto un extracto: *"Este salmo se atribuye a Moisés, quien está intercediendo ante Dios para quitar la maldición que obligó a todos los israelitas mayores de veinte años (cuando se rebelaron contra Dios en Cades-barnea) a morir antes de llegar a la tierra prometida (Núm. 14:26-35). Moisés dice que la mayoría de ellos están muriendo a los setenta años de edad. Este número a menudo se ha confundido con un período de vida fijo para toda la humanidad.* ***No tenía la intención de referirse a nadie excepto a los israelitas***

bajo la maldición durante esos cuarenta años en particular. *Setenta años nunca ha sido el promedio de vida de la humanidad..."* Como puedes ver este salmo es una oración que hizo Moisés para ese periodo de tiempo y gente específicamente. Por otra parte, la Biblia sí establece una duración mínima de ciento veinte años. Veamos *Génesis 6:3 (PDT) "El SEÑOR dijo: «Mi espíritu no se quedará en los humanos para siempre porque ellos son mortales. Tan sólo vivirán 120 años».* Analizando varias traducciones, estudiosos bíblicos consideran 120 años como un mínimo de vida ya que, luego de Génesis 6:3, sabemos que mucha gente en la Biblia duró más de 400 años. Así que declara sobre ti una larga vida en el nombre de Jesús y coopera con las leyes espirituales y naturales. Puedes hacer planes a largo plazo. ¡Esas son buenas noticias!

Otra enseñanza es que Dios tiene el control de todo, incluyendo lo malo que pueda pasar, es decir, violaciones, asesinatos, adulterios, entre otros. No suena a Dios ¿verdad? Desde Génesis Dios le dio al hombre la autoridad de gobernar la Tierra y le dio un libre albedrío o una voluntad, la cual Él ni el diablo pueden tocar. A través de nuestras decisiones, somos nosotros los que nos sometemos a Dios o al diablo y, por lo tanto, a sus propósitos. *Romanos 6:16 (NTV) dice: "¿No se dan cuenta de que uno se convierte en esclavo de todo lo que decide obedecer? Uno puede ser esclavo del pecado, lo cual lleva a la muerte, o puede decidir obedecer a Dios, lo cual lleva a una vida recta".* Todas tus decisiones van a traer consecuencias y no significa que Él tenía el control. El que Dios te ame no significa que apruebe todo lo que haces. Mira esta otra Escritura en *Deuteronomio 30:19-20 (RVA-2015): "Llamo hoy por testigos contra ustedes a los cielos y a la tierra, de que he puesto delante de ustedes la vida y la muerte, la bendición y la maldición. Escoge, pues, la vida para que vivas, tú y tus descendientes, amando al SEÑOR tu Dios, escuchando su voz y siéndole fiel.*

Porque él es tu vida y la prolongación de tus días, para que habites en la tierra que el SEÑOR juró que había de dar a tus padres Abraham, Isaac y Jacob". Si Dios controlara todo te aseguro que este mundo no estaría perdido, no habría maltratos, violaciones, asesinatos, abortos, ni todo lo malo y cruel que se da, es más, todos buscarían de Dios. Pero la realidad es que no somos marionetas, Dios no nos manipula, sino que nos ha dado el derecho a elegir. Elijamos entonces la vida, la bendición, elijamos a Dios.

No siempre se hace la voluntad de Dios. Por ejemplo, la voluntad de Dios es que todas las personas se salven, pero no todas se salvan porque hay una voluntad personal envuelta. Dios no quiere que pasemos por situaciones negativas, Él hará todo lo posible por llevarnos por el camino seguro, pero depende de nosotros si le escuchamos y obedecemos. *"Vengan y escuchen mi consejo. Les abriré mi corazón y los haré sabios. Los llamé muy a menudo pero no quisieron venir; les tendí la mano pero no me hicieron caso. No prestaron atención a mi consejo y rechazaron la corrección que les ofrecí". Proverbios 1:23-25* Dios tomará el control de lo que nosotros realmente le permitamos. ¿Quieres que Dios tome control de tu vida? Pues haz lo que dice *Proverbios 4:10 (NTV): "Hijo mío,* ***escúchame y haz lo que te digo****, y tendrás* ***una buena y larga vida****".* ¡Ojalá y así sea, tendríamos vidas maravillosas!

Otro aspecto realmente doloroso es escuchar a algunas personas cristianas decirles a víctimas de violación que Dios permitió ese suceso con un propósito. Eso no es así. ¿Qué propósito tendría eso? Bueno, el de destruir, pero Dios no destruye, eso lo hace el diablo. ¿Cómo eso va a estar en los planes de Dios? ¿Cómo se sentirá Dios de ser acusado como el autor de tanta maldad? Por otro lado, me imagino lo decepcionada que debe sentirse la víctima al escuchar eso.

¡Así sucesivamente he oído tantas cosas que roban la fe y la confianza hacia Dios! Por darte otro ejemplo, un hombre o mujer que ha pasado por un adulterio y el consejero espiritual despacha el asunto diciendo que Dios lo permitió con un propósito, porque Dios sabe lo que hace. Que Dios camina por senderos misteriosos y que algún día entenderás el por qué de las cosas. ¡Imagínate, esta persona no se da cuenta que está diciendo que Dios hizo que se enamorara de otra persona, le fuera infiel al cónyuge, destruyera el hogar y dejara una estela de destrucción para enseñar algo! Disculpa, pero ese no es el Dios a quien le sirvo, al que describen las Escrituras, Dios no se va a contradecir Él mismo, Dios no anda por senderos misteriosos, Él es luz. La Biblia establece en *Santiago 1:17 (NTV) que: "Todo lo que es **bueno y perfecto** es un regalo que desciende a nosotros de parte de Dios nuestro*

Padre, quien creó todas las luces de los cielos. Él nunca cambia ni varía como una sombra en movimiento". Es fácil discernir lo que viene de Dios: si es algo bueno viene de Dios, si es algo malo no viene de Dios.

Entonces, ¿cómo Dios enseña, cómo vamos a aprender? A través de las Escrituras. Uno de los pasajes donde lo dice es en *2 Timoteo 3:16-17 (RVR1960):"Toda la Escritura es inspirada por Dios, y útil para enseñar, para redargüir, para corregir, para instruir en justicia, a fin de que el hombre de Dios sea perfecto, enteramente preparado para toda buena obra".* La Biblia está repleta de consejos e historias de hombres de Dios donde puedes hacer lo bueno que hicieron y no hacer lo malo que hicieron. Estudiándolos podemos aprender de sus victorias, derrotas y de las consecuencias de sus decisiones. Podemos aprender de los errores de otros para no darnos nosotros mismos contra la pared. *Romanos 15:4 (NTV) dice: "Tales cosas se escribieron hace tiempo en las Escrituras para que nos sirvan de enseñanza".*

Puede ser que digas que la Biblia dice que todo obra para bien y, por lo tanto, todo lo que le pueda pasar a alguien (enfermedades terminales, desgracia, escasez, entre otras) va a obrar para su bien. Esta Escritura se encuentra en *Romanos 8:28 (RVR1960) "Y sabemos que a los que aman a Dios, todas las cosas les ayudan a bien, esto es, a los que conforme a su propósito son llamados".* Vamos a analizar esta Escritura y la mejor manera es leyéndola en su contexto, ya que comienza con la conjunción "Y", por lo tanto, va relacionado a los versículos anteriores. Para que lo podamos entender más claro lo voy a compartir de la Nueva Traducción Viviente: *Romanos 8:26-28: "Además, el Espíritu Santo nos ayuda en nuestra debilidad. Por ejemplo, nosotros no sabemos qué quiere Dios que le pidamos en oración, pero el Espíritu Santo ora por nosotros con gemidos que no pueden expresarse con palabras. Y el Padre, quien conoce cada corazón, sabe lo que el*

Espíritu dice, porque el Espíritu intercede por nosotros, los creyentes, en armonía con la voluntad de Dios. Y sabemos que Dios hace que todas las cosas cooperen para el bien de quienes lo aman y son llamados según el propósito que él tiene para ellos".

Veamos unos puntos importantes:

- En ningún momento dice que todas las cosas son enviadas por Dios.
- Aquí se habla primero sobre la intercesión del Espíritu Santo que junto con la de nosotros nos ayuda para orar en armonía con la voluntad de Dios, esta es una oración en lenguas. A veces no sabemos cómo orar por una situación o nuestras emociones están muy sensibles con alguna persona y, al orar con nuestra mente puede ser que pidamos cosas erróneas, por eso el Espíritu Santo viene a ayudarnos en esa oración y ora por nosotros, aunque es nuestra voz la que escuchamos. Te aseguro que cuando oramos de esa manera todas las cosas

obrarán para nuestro bien porque fue una oración inspirada por el Espíritu Santo. Sin duda alguna podremos resistir (ir en contra) de todo lo que el enemigo quiera hacernos y saldremos victoriosos porque eso malo que intentó, Dios lo tornará a favor de nosotros.

- Esto no sucede para todo el mundo, dice que es para los que aman a Dios y son llamados según su propósito. ¿Cuál es el propósito de Jesús? Destruir las obras del diablo. *"Sin embargo, cuando alguien sigue pecando, demuestra que pertenece al diablo, el cual peca desde el principio;* ***pero el Hijo de Dios vino para destruir las obras del diablo****". 1 Juan 3:8 (NTV)* Jesús no se quedó de brazos cruzados ante el diablo, Él destruyó sus obras. Igualmente, nosotros no nos podemos quedar cruzados de brazos, tenemos que resistirlo, es decir, ir en contra de eso con toda nuestra fe, sabiendo que la voluntad de Dios nunca será para traer calamidad a nuestra vida.

Para resumir esto de manera clara te voy a compartir lo que explicó una vez el ministro Andrew Wommack sobre esta Escritura: "Cualquier cosa que se nos presente solo funciona para nuestro bien, si estamos intercediendo en el poder del Espíritu Santo, si amamos a Dios y si estamos dispuestos a destruir las obras del diablo".

Otra enseñanza que considero que ha hecho mucho daño es que una persona le diga a un enfermo que Dios lo está pasando por ese "proceso o desierto" para subirlo de nivel espiritual . Te tengo buenas noticias, Jesús llevó tus enfermedades en la cruz para que tú no las llevaras. *Isaías 53:4-5 (RVR1960) dice:* ***Ciertamente llevó él nuestras enfermedades, y sufrió nuestros dolores;*** *y nosotros* *le tuvimos por azotado, por herido de Dios y abatido. Mas él herido fue por nuestras rebeliones, molido por nuestros pecados; el castigo de nuestra paz fue sobre él, y* ***por su llaga fuimos nosotros curados****".* No tenemos que sufrir nada por lo que Jesús sufrió por nosotros, porque Él fue nuestro sustituto. Fuimos redimidos de todo, excepto de la persecución, *2 Timoteo 3:12 (NTV) dice: "Es cierto, y todo el que quiera vivir una vida de sumisión a Dios en Cristo Jesús sufrirá persecución".* Esta persecución puede ser física, pero también puede ser de personas o situaciones que ponen a prueba nuestra fe, la llamo "persecución emocional". *Marcos 4:17 (NTV) dice: "pero como no tienen raíces profundas, no duran mucho. En cuanto tienen problemas o son* ***perseguidos por creer la palabra de Dios****, caen".* Por ejemplo, a causa de nuestra fe podemos ser blanco de burla, rechazo y ataques. Eso es persecución.

Por cierto, esa es la prueba de nuestra fe y no es Dios quien nos está probando porque Él sabe lo más íntimo de nosotros.

Incluso *Santiago 1:13 (RVC) dice: "Cuando alguien sea tentado, no diga que ha sido tentado por Dios, porque Dios no tienta a nadie, ni tampoco el mal puede tentar a Dios".* Si te pasa algo malo, ten la seguridad de que no es Dios quien te está probando para ver si caes en pecado, porque Él no es el autor del mal. Podrás pensar, ¿y qué pasó con Abraham, porque Dios lo probó? Es cierto, la Palabra dice en Génesis 22:1 que fue Dios quien probó su fe. Este hombre del Antiguo Testamento fue probado porque Dios tenía que hacer un pacto con Él y fue una semejanza de lo que Él haría con Jesús. La gran diferencia fue que Dios no permitió que Abraham sacrificara a su hijo, pero Él sí sacrificó a Jesús por cada uno de nosotros. Él nunca nos hará daño. Dios necesitaba establecer ese pacto con Abraham, porque nos iba a beneficiar a nosotros, los gentiles. Mira lo que dice *Gálatas 3:6-9 (NTV) ."Del mismo modo, Abraham le creyó a Dios, y Dios lo consideró justo debido a su fe. Así que los verdaderos hijos de Abraham son los que ponen su fe en Dios. Es más, las Escrituras previeron este tiempo en el que Dios haría justos a sus ojos a los gentiles por causa de su fe. Dios anunció esa Buena Noticia a Abraham hace tiempo, cuando le dijo: «Todas las naciones serán bendecidas por medio de ti». Así que todos los que ponen su fe en Cristo participan de la misma bendición que recibió Abraham por causa de su fe".*

Fíjate que la prueba de Abraham (quien era gentil, no judío) fue de obediencia y disposición en ofrecer en sacrificio a su único hijo y Dios no lo permitió, no hubo consecuencias desastrosas. Incluso Abraham creía tanto en Dios, que Él sabía que si llegaba a sacrificarlo, Dios lo resucitaría porque era hijo de la promesa. Tan es así que antes de subir al monte le dijo a los siervos que se quedaran y que ellos iban a volver (los dos) y al hijo le dijo que Dios proveería el cordero. *V.5- «Quédense aquí con el burro—dijo Abraham a los siervos—. El muchacho y yo seguiremos un poco más adelante.*

*Allí adoraremos y **volveremos** enseguida». V.8- "**Dios proveerá** un cordero para la ofrenda quemada, hijo mío—contestó Abraham. Así que ambos siguieron caminando juntos". (Génesis 22:5,8)* Él no le mintió, habló en fe. Esta prueba jamás se compara a la que la gente llama prueba. Dios jamás va a planificar ponerte enfermedades y sufrimientos para probarte. Nunca va a poner mal sobre nosotros para hacernos daño.

El que está probando, a través de la persecución a causa de la Palabra, es el enemigo con el propósito de que pierdas la fe y te rindas. Su intención es que no creas la Palabra de Dios para que no recibas la solución a tu situación. Lo que tenemos que hacer es creer a Sus promesas y mantenernos firmes en la fe. Nosotros adquirimos fe por medio de escuchar la Palabra de Dios, pero la desarrollamos al usarla en las situaciones que enfrentamos diariamente. Tenemos que vivir sometidos a Dios, reprender y resistir a Satanás. Resistir no es aguantar, es luchar activamente en su contra y dice la Palabra que cuando hacemos eso, él huirá de nosotros. *"Sométanse, pues, a Dios. Resistan al diablo, y él huirá de ustedes". Santiago 4:7 (RVA-2015)* Esto es lo que dice la Biblia, la gente dice otra cosa, ¿a quién le vas a creer?

Cuando reflexiono sobre todas estas enseñanzas me hago muchas preguntas. ¿Cómo la gente va a llamar a Dios bueno, si la religión le ha enseñado que Él es el causante de sus problemas? ¿Cómo van a confiar en Su amor, cuando la religión le ha enseñado que Él los va a castigar cada vez que cometen un error? ¿Cómo van a apelar a su provisión cuando la religión ha enseñado que la prosperidad es mala? Es tiempo de enseñar la verdad de Dios, que Él es amor, que Él es por nosotros y no contra nosotros, que Él nos quiere ver bien, incluyendo que seamos prósperos no solo económicamente, sino en todo el sentido de la Palabra. Prosperidad es el curso favorable de todas las cosas, eso es precisamente lo que quiere nuestro buen Padre. Prosperidad no es solo dinero, sino también incluye paz, sabiduría y amor. La prosperidad sin Dios es muy diferente a la prosperidad con Dios.

Tengamos claro que Dios no es el autor del sufrimiento. Tal vez me digas, que *1 Pedro 5:10* dice que vamos a sufrir por un tiempo para ser perfeccionados. *"Mas el Dios de toda gracia, que nos llamó a su gloria eterna en Jesucristo, después que **hayáis padecido un poco de tiempo**, él mismo os perfeccione, afirme, fortalezca y establezca".* Vamos a leer en el contexto, desde el 7 hasta el 10:

"Echando toda vuestra ansiedad sobre él, porque él tiene cuidado de vosotros. Sed sobrios, y velad; porque vuestro adversario el diablo, como león rugiente, anda alrededor buscando a quien devorar; al cual resistid firmes en la fe, sabiendo que los mismos padecimientos se van cumpliendo en vuestros hermanos en todo el mundo. Mas el Dios de toda gracia, que nos llamó a su gloria eterna en Jesucristo, después que hayáis padecido un poco de

tiempo, él mismo os perfeccione, afirme, fortalezca y establezca".

Vamos a analizar esta poderosa Escritura y para esto primero debemos entender que quienes hemos aceptado a Jesús como nuestro Salvador no tenemos que sufrir nada por lo cual Jesús ya sufrió por nosotros. Él fue nuestro sustituto, por lo tanto, ya Él padeció todo para que tú y yo no lo sufriéramos. ¿Qué llevó Él por nosotros? Enfermedades, dolores, rechazo, pobreza, escasez, depresión, opresión, entre otras. Nada de eso debe ser nuestro sufrimiento porque Dios lo puso sobre Jesús, (a través de la Biblia puedes verlo). Pero entonces, ¿a qué sufrimiento se refiere aquí? El versículo 9 lo dice, resistir al diablo: *"al cual resistid firmes en la fe".* Cuando resistes al diablo hay un sufrimiento. En páginas anteriores te decía que resistir no es aguantar, es hacer fuerza agresivamente en contra del diablo. Esta Escritura habla sobre la preocupación, así que resistimos la preocupación, los afanes… vamos en contra de todo eso. De igual manera, resistimos lo que venga a nosotros, de lo cual ya fuimos redimidos como: la enfermedad, las dolencias, la opresión, etc.

Esta palabra que habla de padecer o sufrir, la podemos entender como resistir. No es lo mismo resistir que desistir. Esta última es que nos rendimos ante algo, ante la enfermedad o el problema. A modo de ejemplo, si tengo una enfermedad no voy a decir que es un proceso que Dios me dio o que permitió para mi crecimiento. Lo que voy a hacer es que la reprendo en el nombre de Jesús, bendigo mi cuerpo y como dice esta Escritura, me mantengo firme creyendo la sanidad que ya poseo en mi espíritu. Permanezco atenta a la voz de Dios, a su dirección, meditando en las Escrituras. Oro y declaro que se manifiesta en lo físico mi sanidad y va a ocurrir. Como mi montaña es la enfermedad, hago lo que leímos anteriormente en *Marcos 11:23: "Porque de cierto os digo que cualquiera que dijere a este monte: Quítate y échate en el mar, y no dudare en su corazón, sino creyere que será hecho lo que dice, lo que diga le será hecho".* En definitiva, mientras resisto me estoy perfeccionando, afirmando, fortaleciendo y estableciendo. Este es el sufrimiento al que se refiere en 1 Pedro 5, al de resistir. Es muy diferente a lo que generalmente se enseña: quedarse con los brazos cruzados, pensando que fue Dios para enseñarnos algo. Sin embargo, muchos van al médico a "quitarse esa lección" y es porque, en el fondo, saben que no hace sentido que Dios les ponga una enfermedad para subirlos de nivel espiritual.

Otra enseñanza que he escuchado es que mientras más grande es el sufrimiento, más grande es la bendición. El origen de esta creencia viene del paganismo donde el sufrimiento es un medio de purificación. La realidad es que muchas veces ese sufrimiento es consecuencia de nuestras malas decisiones, no fue voluntad de Dios, fue nuestra desobediencia, nuestro pecado. Pero la gente lo "espiritualiza" con eso. La Palabra dice que, gracias a Jesús, ya hemos sido bendecidos, es un hecho, es una realidad para el cristiano. *Efesios 1:3 (NTV): "Toda la alabanza sea para Dios, el Padre de nuestro Señor Jesucristo, quien nos ha bendecido con toda clase de bendiciones espirituales en los lugares celestiales, porque estamos unidos a Cristo".* ¡Somos bendecidos! Mientras creamos y actuemos en fe estas bendiciones, que ya poseemos en nuestro espíritu, se manifestarán físicamente. ¡Las tenemos!

Cuando lees los Evangelios, jamás oirás a Jesús decirle a un enfermo que está así con el propósito de purificarlo o que no lo puede sanar porque tiene que crecer en algún área de su vida. Jesús vino a deshacer las obras del diablo y una de sus obras es oprimir. *"Y saben que Dios ungió a Jesús de Nazaret con el Espíritu Santo y con poder. Después Jesús anduvo* ***haciendo el bien y sanando*** *a **todos** los que eran **oprimidos por el diablo**, porque Dios estaba con él". Hechos 10:38 (NTV)*

En cuanto a este tema de las enfermedades puedes comentarme que conoces de gente que murió creyendo que sanarían. Yo también he conocido gente cristiana que pasó por una enfermedad, mostraban creer por un milagro, y sin embargo, murieron de esa enfermedad. Te confieso que eso traía confusión y temor a mi corazón porque pensaba que si esa persona, la cual consideraba muy espiritual, le pasó eso, pues ¡imagínate a mí! Dios siempre ponía en mi corazón que la realidad es que no sabemos el interior de las personas y puede que aparenten creer algo, pero en su interior no, otras veces es que simplemente se quieren ir con el Señor, no desean estar ya en este mundo, por las razones que sean. Tenemos que entender que muchas enfermedades son a consecuencia de nuestros malos hábitos de vida (mala alimentación, estrés, vicios, entre otros). Dios le dice a la gente que no hagan algo que va en contra de su cuerpo, y lo hacen. Eso no es culpa de Dios, es culpa de nuestras decisiones.

En una ocasión el predicador Andrew Wommack relataba la historia de un amigo suyo que tenía cáncer e iba a orar a menudo con él y a ministrarle la Palabra de sanidad. La persona mejoró muchísimo, a pesar de que lo habían desahuciado. De momento, recayó y el pastor Wommack fue a ministrarle otra vez y ese hombre aparentaba creer, se mostraba ante el predicador con una actitud de fe. Días después murió y esto fue muy impactante para Andrew Wommack y por eso le preguntaba al Señor qué había pasado. En la funeraria, la viuda lo saludó y le confesó que él quería morir, y que cuando iba a visitarlo, él aparentaba que estaba firme creyendo en su sanidad para que no le insistiera a aferrarse a la vida, porque él ya quería estar con el Señor. Cuando escuché este relato, entendí que no podemos fundamentar nuestra fe en el testimonio de la gente, en lo que vemos en ellos, sino en Dios, porque no conocemos cómo ellos realmente piensan. Incluso no sabemos sus creencias, porque si les han enseñado que esa enfermedad fue enviada por Dios, se rinden, se desaniman. Nuestro ejemplo a seguir es Cristo, no la gente, no el testimonio bueno o adverso de nadie. ¡Que bendición escuchar testimonios de victoria, pero hay mayor bendición en fundamentar nuestra fe en la Palabra victoriosa del Señor!

En Romanos 3:3-4 (RVC) dice: "Pero entonces, si algunos de ellos no fueron fieles, ¿su falta de fe anulará la fidelidad de Dios? ¡De ninguna manera! Dios es siempre veraz aunque todo hombre sea mentiroso". El hombre falla, pero Dios nunca falla, Él permanece fiel a Su Palabra.

Cuando crees que es Dios el que te presenta todas las situaciones adversas y te envía enfermedades para que subas de nivel espiritual, te quedas de brazos cruzados...

no reprendes al diablo, no declaras en fe la Escritura que te dará la salida, no te levantas en contra de Satanás, quien es el que te quiere robar, matar y destruir. Entonces vives de derrota en derrota, de tristeza en tristeza. Comienzas a dudar del amor de Dios, y más aún de Su protección. Muchos hasta desechan el Evangelio porque en realidad se han decepcionado. Eso es precisamente lo que el enemigo quiere y tiene a la mayoría de la Iglesia envuelta en esto. Iglesia, ¡es hora de despertar! Dios es un buen Padre. Te pregunto, si tuvieras el poder para hacerle daño a tu hijo(a) poniéndole una enfermedad terminal con el propósito de bendecirlo, de que aprenda algo, que madure, que aprenda a ejercer la paciencia, ¿lo harías? ¡Claro que no! Es más, te llevarían a la cárcel por maltratante. Entonces, ¿cómo es posible que la gente piense que Dios los enferma con cáncer, le mata a sus hijos, los pasa por depresiones, ataques de pánico, entre otras situaciones difíciles? Puedes decirme que en el Antiguo Testamento Dios le puso enfermedades a ciertas personas. Y es cierto, pero no fue para bendecirlos, era un castigo, una maldición, además fue en el Antiguo Testamento, cuando Jesús todavía no había hecho Su obra redentora. Ahora, bajo este Nuevo Pacto en el cual vivimos, Dios puso sobre Jesús nuestro castigo y maldición para que nosotros no la lleváramos. Ahora, Dios nunca te va a castigar con enfermedades; estas las pone Satanás o nosotros mismos le abrimos las puertas con nuestros descuidos. Lo único que vas a recibir de Dios son cosas buenas. *Santiago 1:17 (NTV) dice: "Todo lo que es bueno y perfecto es un regalo que desciende a nosotros de parte de Dios nuestro Padre".* Dios es amor, y el amor no hace daño. *1 Juan 4:8 (RVR1960) "El que no ama, no ha conocido a Dios; porque **Dios es amor**".*

¡Que diferentes son las Palabras de Dios a las de la religión! Por eso, Dios nos dice en *Proverbios 4:20 (NTV) "Hijo mío, presta atención a lo que te digo. Escucha atentamente **mis palabras**".*

Con frecuencia escucharás palabras que posiblemente hayan sido declaradas con una buena intención, pero están en contra de las Escrituras; tú debes elegir a quién escuchar y a cuáles palabras responder con acciones. En una ocasión Jesús dijo en *Marcos 4:24 (LBLA): "También les decía: Cuidaos de lo que oís".* Lo que oímos va a afectar nuestro corazón, tomará control de nuestra vida y de nuestras decisiones. Guarda tu corazón de lo que escuchas.

OJOS

Otro de los portones de acceso que menciona Proverbios 4 son nuestros ojos. Lo que vemos nos va a afectar, aunque nosotros nos creamos muy sabios y digamos que no. Debemos tener cuidado de las cosas que estamos mirando, en qué estamos enfocados. ¡Que beneficio es tener nuestros ojos en la Palabra! Hay que leerla. En el versículo 21 dice que no las pierdas de vista. Recuerdo que hubo una época en mi vida en la que pasaba mucho tiempo mirando Facebook, básicamente páginas cristianas y de noticias. El Señor ponía bien fuerte en mi corazón que ese mismo tiempo que leía cosas cristianas en Facebook lo usara para poner mis ojos en la Biblia, lo cual era mucho mejor. Cuando venía ese pensamiento sustituía Facebook por la Biblia. Poco a poco noté que el tiempo que miraba

Facebook había reducido mucho. Actualmente, lo uso con el propósito de ministrar. Escribo lo que el Señor pone en mi corazón en la página donde mi esposo y yo ministramos; la puedes encontrar bajo el nombre: Puerta de Bendición y Restauración. También lo comparto en nuestra página personal. No es que no veamos Facebook, es el tiempo en exceso que perdemos ahí, pudiendo hacer otras cosas importantes como estudiar las Escrituras, compartir con nuestra familia, cumplir con las responsabilidades del hogar, de estudio, de trabajo, o simplemente descansar, meditar en cuán bueno ha sido el Señor. Hay gente que dice que no tiene tiempo para nada, pero es obvio, ¡lo están perdiendo en cosas sin importancia! Es cuestión de establecer prioridades.

Tampoco pongas tu vista en las circunstancias que te rodean, por el contrario, enfócate en lo que dice Dios. Al darle tanta importancia a las circunstancias, lo que haces es engrandecerlas. Es como si pusieras una lupa en una página, las palabras realmente no cambiaron de tamaño, solo se hicieron grandes a tu vista. Así pasa con las situaciones negativas que atravesamos, comenzamos a agrandarlas al pensar constantemente en ellas, luego las hablamos con la gente y cuando nos damos cuenta, es en lo único que pensamos y hablamos. Es lo único que podemos ver. Luego eso tiene repercusiones en nuestro cuerpo, porque por la tensión nos enfermamos y, a su vez, eso afecta a los que nos rodean. Es un efecto dominó. Si vas a engrandecer algo, que sea a Dios. David en el *Salmo 34:3 (RVR1960) dijo: "Engrandeced a Jehová conmigo, y exaltemos a una su nombre".* Cuando engrandeces a Dios, el problema empequeñece al compararlo con Su grandeza, entonces estás en posición de recibir Su dirección para la solución.

Mantengamos nuestros ojos y nuestro enfoque en la Palabra de Dios. Las circunstancias son pasajeras, pero la Palabra es eterna y va por encima de ellas. Para Dios no hay nada imposible (Lucas 1:37) y para el que cree todo le es posible (Marcos 9:23). En este mundo vendrán situaciones, pero tenemos que confiar que Él nos librará de todas ellas. Aunque ya la mencioné, quiero que veas esta Escritura en la Traducción Biblia Amplificada *Juan 16:33. "Os he dicho estas cosas para que en mí tengáis [perfecta] paz y confianza. En el mundo tenéis tribulación y pruebas y angustia y frustración; pero ten buen ánimo [cobra ánimo; mantente seguro, impávido]! Porque yo he vencido al mundo.* ***[Lo he privado del poder de hacerte daño y lo he conquistado para ti.]****"*

Esa última oración me da una seguridad inmensa en la protección de Dios. No permitiré que por el portón de mis ojos venga el temor debido a lo que estoy viendo, voy a confiar plenamente en el Señor, ya que ha privado al mundo de hacerme daño y lo ha conquistado para mí, y para ti también.

BOCA

El otro portón que menciona es el de la boca, fíjate que los oídos y ojos controlan lo que entra al corazón, pero este controla lo que sale del corazón. Es muy fácil saber lo que hay en el corazón de una persona con solamente escucharla hablar. En *Lucas 6:45 (RVR1960)* podemos ver lo que Jesús enseñó acerca de la relación directa que hay entre el corazón y la boca: *"El hombre bueno, del buen tesoro de su corazón saca lo bueno; y el hombre malo, del mal tesoro de su corazón saca lo malo; porque de la abundancia del corazón habla la boca"*.

¿Qué es lo que constantemente estamos hablando? ¿Palabras negativas, críticas, maldiciones, etc.? ¿Qué dice la Biblia de lo que tenemos que hablar? La Palabra habla mucho acerca de esto. Precisamente en este capítulo de Proverbios

4, el verso 24 dice: *"Evita toda expresión perversa; aléjate de las palabras corruptas"*. En otras traducciones dice que son palabras malas, indecentes, falsedades, mentiras y cosas semejantes.

En *Romanos 12:14* dice que no maldigamos, eso se hace con la boca. *"Bendigan a los que les persiguen; bendigan y no maldigan"*. Podrás decir, "pero yo nunca maldigo a nadie". Es que maldecir no se limita a solo mencionar esa palabra en una oración. Podemos maldecir sin decir "maldito". Me explico, cada vez que le dices a alguien que no va a lograr sus metas, lo estás maldiciendo. Cuando le dices a tus hijos que son tontos, que no van a llegar a ser nadie en la vida, los estás maldiciendo.

Cuando le dices a alguien enfermo que de ese padecimiento ha muerto mucha gente, lo estás maldiciendo. Tenemos que ser prudentes y sabios a la hora de hablar. Que por nuestros labios lo que salga sea bendición y edificación. Para decir una verdad y corregir a alguien, no hay que maldecirlo. Corrige con la Palabra de Dios.

En *Efesios 5:19-20 (RVC)* nos da un ejemplo de lo que debe salir por el portón de nuestra boca: *"Hablen entre ustedes con salmos, himnos y cánticos espirituales; canten y alaben al Señor con el corazón, y den siempre gracias por todo al Dios y Padre, en el nombre de nuestro Señor Jesucristo"*. Que cuando hablemos, llevemos edificación a los demás, que nuestra boca esté llena de alabanzas y agradecimiento a nuestro Dios.

¿Sabías que nuestras palabras están cargadas de poder? *Proverbios 18:21(RVA-2015) "La muerte y la vida están en el poder de la lengua, y los que gustan usarla comerán de su fruto"*. Con tus palabras puedes desatar vida o muerte, ¡úsalas a tu favor! Esta es una ley espiritual. Ten por costumbre bendecir tu cuerpo, tu familia, tu trabajo, tus amigos, etc. Háblate a ti mismo lo que dicen las

Escrituras acerca de ti, que eres bendecido, fortalecido, amado en gran manera por Dios, que posees Su paz, fe, paciencia, amor, etc. Te invito a hacerlo y verás los resultados.

Jesús, enseñando acerca de cómo funciona la fe, dijo lo siguiente en *Marcos 11:23 (RVR1960): "Porque de cierto os digo que cualquiera que **dijere** a este monte: Quítate y échate en el mar, y no dudare en su corazón, sino creyere que será hecho lo que **dice**, lo que **diga** le será hecho".* Aquí podemos ver el poder de nuestras palabras cuando van cargadas de fe. Aprendamos a declarar (hablar) la Palabra de Dios sobre nuestras vidas. Muchas veces hablamos más de los problemas que de la Palabra de Dios. Si entendiéramos que a través de los dichos de nuestra boca es que vienen las preocupaciones, pensaríamos antes de hablar. *En Mateo 6:31 Jesús dijo: "Así que no se preocupen **diciendo**..."*

A través de nuestras palabras es que viene la preocupación. En el *Salmo 141:3 (RVR1960)* David expresaba lo siguiente: *"Pon guarda a mi boca, oh Jehová; guarda la puerta de mis labios".* Aunque somos nosotros los que escogemos lo que vamos a decir o no, ciertamente Dios nos ayuda a fortalecernos en esta área, cuando nos sometemos a Él. Todo en la vida tiene su tiempo, siempre y cuando se lo permitamos a Dios, seremos dirigidos sobre cuándo debe ser el tiempo de hablar o el de callar (*Eclesiastés 3:7*).

Hace un tiempo leí un libro de Charles Capps donde decía que las palabras que hablamos programan nuestro corazón para el éxito o para la derrota. Conscientes o no, con nuestras palabras, estamos poniendo en movimiento leyes espirituales que rendirán fruto a nuestro favor o en nuestra contra. *"Te has enlazado con las palabras de tu boca, y has quedado preso en los dichos de tus labios".*

Proverbios 6:2 (RVR1960) Guardemos nuestro corazón permitiendo que las palabras que salgan de nuestra boca vayan conforme a la Palabra de Dios.

PIES

El último portón que da acceso a nuestro corazón son los pies, es decir, el camino que escogemos para nuestra vida.

"Traza un sendero recto para tus pies; permanece en el camino seguro. No te desvíes; evita que tus pies sigan el mal". Proverbios 4:26-27 (NTV)

Somos nosotros los que trazamos ese sendero recto y es recto porque son decisiones guiadas por Dios. Nuestro enfoque debe ser cada día dejarnos dirigir por Dios. Él sabe el camino que nos conviene andar. Mira lo que dice en *Proverbios 3:5-6 (RVA-2015): "Confía en el SEÑOR con todo tu corazón y no te apoyes en tu propia inteligencia. Reconócelo en* ***todos*** *tus camino y él enderezará tus sendas".*

A veces buscamos la dirección de Dios en los asuntos que consideramos más importantes, pero aquí dice que lo reconozcamos en todos los caminos, en todas las cosas, porque cuando lo hacemos Él nos muestra el camino a seguir. Me encanta la Escritura en el *Salmo 32:8 (NTV)*: *"El Señor dice: «Te guiaré por el mejor sendero para tu vida; te aconsejaré y velaré por ti".* ¡Que ventaja es ser dirigidos por el Señor! ¡Cuántos problemas nos evitaríamos! Lo bueno es que Él está accesible para dirigirnos. Si quieres profundizar sobre este tema puedes adquirir mi libro: *¿Cómo puedo escuchar la voz de Dios?* El cual está disponible en Amazon y también lo puedes escuchar por nuestro canal de You Tube: Puerta de Bendición y Restauración.

Volviendo a Proverbios 4:26, este dice que permanezcas en el camino seguro. Permanece, no te alejes de Dios porque Él es el camino seguro. En este mundo de maldad necesitamos permanecer en Dios, estar conectados a Él. Como la rama tiene que estar conectada a la vid para vivir y dar fruto, así nosotros tenemos que estar conectados a Dios quien es nuestra fuente de vida, para poder llevar fruto. Como dice el Salmo 91: Él es nuestro lugar seguro.

Cuidemos los pasos que damos, los caminos que escogemos. Analicemos si el camino que tomamos o el que nos ofrecen conduce a la vida, porque hay caminos que conducen a muerte.

"Hay camino que al hombre le parece derecho; pero su fin es camino de muerte".
Proverbios 14:12 (RVR1960)

Busquemos siempre la dirección de Dios para que sea Él quien dirija nuestros pasos en todos los caminos por donde nos convenga andar en la vida. Hay muchas cosas que no necesitamos escuchar, ver ni hablar. Guardemos nuestro corazón.

EL GUARDIÁN DE TU CORAZÓN

*"Y **la paz de Dios**, que sobrepasa a todo entendimiento, guardará vuestros corazones y vuestros pensamientos en Cristo Jesús".*
Filipenses 4:7 (RVR1977)

Un guardián se asegura de que no salga lo que no debe salir y que no entre lo que no deba entrar. La paz de Dios es ese centinela que se activa cuando nosotros guardamos nuestro corazón. La paz de Dios es algo sobrenatural y va a proteger nuestro corazón. La Biblia enseña mucho acerca de la paz de Dios.

En una ocasión escuché a un predicador explicando que la palabra guardián tiene un significado militar. Me dio curiosidad y busqué más información al respecto y encontré que en un comentario de Andrew

Wommack sobre este versículo, él escribió que es una palabra traducida de la palabra griega "PHROUREO", y esta palabra significa "ser un vigilante, es decir montar guardia como un centinela (poner espías en las puertas); en sentido figurado, cercar, proteger" (Strong's Concordance). La paz de Dios es un arma poderosa y funciona a la perfección, si nosotros nos sometemos a Dios. Me explico, la responsabilidad de guardar nuestro corazón recae en nosotros, tenemos que someternos a Dios para que Su paz guarde nuestro corazón y nuestra mente. Por ejemplo, cuando la ansiedad toca nuestra puerta, la paz de Dios se levanta como guardián y no la deja entrar por los portones que dan acceso a nuestro corazón, a menos que nosotros le digamos al "guardia" que se vaya. Cada vez que nos preocupamos debido a lo que vemos o escuchamos es como si le diéramos al guardia el día libre.

Vamos a hablar un poquito sobre la paz de Dios, ese guardián o centinela que nos fue dado. Básicamente un centinela previene la invasión hostil o previene que se escapen los habitantes de una ciudad asediada. Por lo tanto, él evita que cosas entren cuando no deben entrar y evita que salga lo que se supone que se mantenga adentro. Por ejemplo, el temor es algo que no debemos dejar que entre a nuestro corazón y la fe es algo que no debemos dejar escapar de nosotros.

La paz de Dios nos dirige a la toma de decisiones correctas. *En Colosenses 3:15 (AMPC) dice: "Y que la paz (**armonía del alma que viene**) de Cristo gobierne (**actúe como árbitro continuamente**) en vuestros corazones [**decidiendo y resolviendo con firmeza todas las cuestiones que surjan en vuestras mentes, en ese estado de paz**] a los cuales como [miembros de Cristo] en un solo cuerpo fuisteis también llamados [a vivir]. Y sé agradecido (apreciado), [alabando a Dios siempre]".*

Personalmente, esta Escritura se ha hecho parte de mi vida diaria en la toma de decisiones. Cuando tengo que tomar decisiones que no están plasmadas directamente en las Escrituras, como por ejemplo: ¿cuál trabajo, casa, o carro escojo?, ¿en cuál escuela matriculo a mi hijo?, ¿debo cambiar de trabajo?, ¿debo mudarme a otro país? En cada una de ellas aplico este versículo y dejo que la paz de Dios me dirija. La decisión correcta es la que he llevado en oración, la que no me aleja de lo que dicen las Escrituras y me trae paz, aunque en lo secular no le encuentre lógica. Es posible que nuestro sentido común nos de una respuesta, pero en nuestro interior, no tenemos paz con esa decisión, si es así no te dejes llevar por tu lógica, sino por el Espíritu Santo, quien te dirige a la elección correcta, a través de Su paz en tu corazón.

La paz de Dios es algo que no tiene precio. En momentos de dificultad la gente puede estar aterrada y desesperada, pero los que permitimos que esta paz nos dirija estamos tranquilos y confiados en medio de la turbulencia que hay en el mundo. Por eso Filipenses 4:7 dice que sobre pasa todo entendimiento, porque es algo sobrenatural. Y precisamente en ese estado de paz está también la protección de Dios. La paz está directamente relacionada con nuestro enfoque. En *Isaías 26:3 (RVA-2015) dice "Tú guardarás en completa paz a aquel cuyo pensamiento en ti persevera, porque en ti ha confiado"*. Cuando nuestro pensamiento se mantiene en Dios, Él nos guarda en completa paz, no una paz a medias para ciertas áreas de nuestra vida, sino una paz completa. Eso no lo compra el dinero. Hay gente que no tiene paz, lo único que tiene es mucho dinero. De que valen las riquezas si tienes un hogar lleno de discordia. Voy a compartir contigo unas Escrituras que hablan acerca de esto:

- *Proverbios 15:16-17(NTV) -"Más vale tener poco, con el temor del Señor, que tener grandes tesoros y vivir llenos de angustia. Un plato de verduras con alguien que amas es mejor que carne asada con alguien que odias".*

- *Proverbios 17:1 (NTV) -"Mejor comer pan duro donde reina la paz, que vivir en una casa llena de banquetes donde hay peleas".*
- *Proverbios 25:24 (NTV) -"Mejor vivir solo en un rincón de la azotea que en una casa preciosa con una esposa que busca pleitos".* (Esto aplica a ambos porque hay esposos que buscan pleitos, no quiero que se mal interprete como que es una Escritura para hombres solamente).

Tener paz en nuestros hogares es ser prósperos. ¿Sabes que a través del sacrificio de Jesús tenemos paz? La paz, al igual que la salvación, sanidad, etc. está dentro del regalo de la redención. *Isaías 53:5: "… el castigo de nuestra **paz** fue sobre él…"* Que bueno es tener paz en todas las áreas de nuestra vida. Cuando fluimos en esa paz no nos mueve nada ni nadie. Incluso, podemos sentirnos en paz con la gente que nos ha causado problemas. La Palabra dice en *Romanos 12:18 (RVA-2015) "Si es posible,* ***en cuanto dependa de ustedes,*** *tengan paz con todos los hombres".* Lo que significa esto es que, aunque ellos no estén en paz contigo, en tu corazón estés en paz con ellos.

Anteriormente te di un ejemplo de cómo funciona este centinela, este guardián, pero quiero mostrártelo con una escritura: *"Usamos las armas poderosas de Dios, no las del mundo, para derribar las fortalezas del razonamiento humano y para destruir argumentos falsos. Destruimos todo obstáculo de arrogancia que impide que la gente conozca a Dios.* ***Capturamos*** *los pensamientos rebeldes y enseñamos a las personas a obedecer a Cristo". 2 Corintios 10:4-5 (NTV).* Yo lo veo de esta manera, cuando viene un pensamiento que trata de traer ansiedad o temor por algo que escuché, este centinela poderoso que está frente al portón de mi corazón va a arrestar esos pensamientos y no los dejará entrar. Como yo estoy haciendo mi parte, que es mantenerme enfocada en Su Palabra, aquello que trate de entrar, el centinela lo arresta, lo lleva cautivo a la obediencia de Cristo. Ahora bien, si yo no me mantengo enfocada en Dios es como si le diera el día libre a ese guardián, a la paz. ¿Qué podemos aprender? Mantenernos atentos a la Palabra de Dios y obedecerla. Esa es nuestra responsabilidad.

La paz de Dios va a evitar que los afanes de este mundo entren a nuestro corazón y a nuestra mente y se siembren allí, pero nuestra labor es no turbarnos ante los afanes. *En Juan 14:1(NTV) Jesús nos da un mandato: "No dejen que el corazón se les llene de angustia; confíen en Dios y confíen también en mí".* Hay una traducción que se llama Wuest de esa Escritura que dice, *"no dejen que su corazón continuamente se inquiete".* Esa es nuestra responsabilidad, si no la cumplimos, lo negativo va a entrar porque yo lo permití. Yo tengo que mantenerme firme en lo que he creído y hablar con mi boca la Palabra que va a ir en contra de eso. *"Pero en aquel día venidero, ningún arma que te ataque triunfará. Silenciarás cuanta voz se levante para acusarte. Estos beneficios los disfrutan los siervos del Señor; yo seré quien los reivindique. ¡Yo, el Señor, he hablado!" Isaías 54:17 (NTV)* Haz tu parte, enfócate en la Palabra para que la paz de Dios guarde tu corazón y tu mente en Cristo Jesús.

LOS TERRENOS DEL CORAZÓN

Alguna vez te has hecho la siguiente pregunta: ¿Por qué unas personas reciben lo que piden y otras no? Escucho personas que expresan que han orado, que han declarado la Palabra, pero que nada de eso les "funcionó". La Palabra de Dios siempre funciona, es la semilla incorruptible que contiene dentro de sí salvación, sanidad, prosperidad, liberación y todo lo demás. Te adelanto que el problema no es la semilla, es el terreno del corazón donde ha sido sembrada. Jesús explicó esto en la parábola del sembrador. La encuentras en Mateo 13, Marcos 4 y Lucas 8. Con el propósito de compartir contigo esta parábola, intercalaré los pasajes. Jesús mismo dijo que esa parábola es la clave y el fundamento para entender las demás. En *Marcos 4:13 dice: "Luego Jesús les dijo: «Si no pueden entender el significado de esta parábola, ¿cómo entenderán las demás parábolas?"*

Comenzamos con *Mateo 13:1-9 (NTV)* que dice, *"Más tarde ese mismo día, Jesús salió de la casa y se sentó junto al lago. Pronto se reunió una gran multitud alrededor de él, así que entró en una barca. Se sentó allí y enseñó mientras la gente estaba de pie en la orilla. Contó muchas historias en forma de parábola como la siguiente: «¡Escuchen! Un agricultor salió a sembrar. A medida que esparcía las semillas por el campo, algunas cayeron sobre el camino y los pájaros vinieron y se las comieron. Otras cayeron en tierra poco profunda con roca debajo de ella. Las semillas germinaron con rapidez porque la tierra era poco profunda; pero pronto las plantas se marchitaron bajo el calor del sol y, como no tenían raíces profundas, murieron. Otras semillas cayeron entre espinos, los cuales crecieron y ahogaron los brotes; pero otras semillas cayeron en tierra fértil, ¡y produjeron una cosecha que fue treinta, sesenta y hasta cien veces más numerosa de lo que se había sembrado! El que tenga oídos para oír, que escuche y entienda».*

Aquí vemos que Jesús enseñó esta parábola donde la semilla fue sembrada en cuatro lugares, pero dio fruto solo en uno. Las semillas eran del mismo tipo, pero fueron sembradas en diferentes terrenos. Esta parábola nos da la respuesta del porqué algunos dan fruto y otros no; del por qué algunos reciben y otros no. Como te dijera al inicio de este capítulo, la semilla no fue el problema, fue el terreno donde fue sembrada.

Si sigues leyendo sabrás que los discípulos le preguntaron acerca de esta parábola y le pidieron a Jesús que les explicara. Voy a compartir la explicación que dio en *Lucas 8:11-15 (NTV) "»Este es el significado de la parábola: la semilla es la palabra de Dios. Las semillas que cayeron en el camino representan a los que oyen el mensaje, pero viene el diablo, se lo quita del corazón e impide que crean y sean salvos. Las semillas sobre la tierra rocosa representan a los que oyen el mensaje y lo reciben con alegría; pero como no tienen raíces profundas, creen por un tiempo y luego se apartan cuando enfrentan la tentación. Las semillas que cayeron entre los espinos representan a los que oyen el mensaje, pero muy pronto el mensaje queda desplazado por las preocupaciones, las riquezas y los placeres de esta vida. Así que nunca crecen hasta la madurez. Y las semillas que cayeron en la buena tierra representan a las personas sinceras, de buen corazón, que oyen la palabra de Dios, se aferran a ella y con paciencia producen una cosecha enorme".*

Cuando Jesús les explicó el significado de la parábola a sus discípulos, lo primero que recalcó es que la semilla es la Palabra de Dios y que cada terreno representa un tipo de corazón, en el cual suceden unas cosas que no le permite a la persona recibir, excepto a la que sembró en el último terreno. Precisamente eso es lo que quiero compartir contigo. Vamos a estudiar un poco lo que explicó Jesús para cada terreno.

PRIMER TERRENO: LAS QUE CAYERON EN EL CAMINO

En *Lucas 8:12 (NTV)* Jesús explica el primer tipo de terreno donde cayeron las semillas: *"Las semillas que cayeron en el camino representan a los que oyen el mensaje, pero viene el diablo, se lo quita del corazón e impide que crean y sean salvos"*. Este terreno es como el concreto, un terreno duro, que es lo mismo que un corazón endurecido. En este tipo de material, la semilla no puede ser sembrada, se queda tirada en el suelo, no penetra. Como la semilla es la Palabra de Dios esto nos indica que la Palabra no puede entrar completamente a ese terreno. Por esa razón, vinieron las aves (Lucas 8:5) y se la comieron. Jesús aclaró que se refiere a que Satanás quita del corazón esa Palabra que fue sembrada porque su propósito es impedir que crean y sean salvos. Es fácil quitarla porque no tiene raíces ni profundidad. Jesús dijo que estas personas oyen el mensaje y es un detalle que tienen en común todos los terrenos, pero no todos recibieron ni mucho menos dieron fruto. Cuando se predica en una iglesia, todos están oyendo el mismo mensaje, pero no en todos vemos la manifestación de las cosas y es debido al terreno de cada corazón. En Mateo 13:19 Jesús explica que el maligno arrebató esa semilla porque no comprendieron el mensaje. Esto no significa que lo entiendan en su totalidad, es que no han entendido o comprendido la naturaleza, el valor y el origen de esa Palabra. No honran ni le dan importancia a la Palabra de Dios, incluso algunos hasta la menosprecian. Este tipo de personas ni tan siquiera recibieron el mensaje, lo oyeron pero no lo abrazaron, por así decirlo. Tal vez nosotros no entendamos todas las cosas de la Palabra, pero la valoramos y buscamos conocer un poco cada día; Dios nos va dando entendimiento y revelación porque conocemos y valoramos que esa Palabra proviene de Él. Pero para las personas con este tipo de terreno es algo muy casual, tal vez ven las cosas de Dios o de la Iglesia como un ritual más o hasta como algo cultural. Puede que hasta vayan a la Iglesia, pero lo hacen como una tradición religiosa que tienen que cumplir. En su corazón no valoran a Dios, así que no dejan que esa semilla eche raíces profundas en sus corazones, ni produzca nada.

Un ejemplo bíblico de este tipo de personas es el que encontramos en *Mateo 13:54-58 (NTV): "Regresó a Nazaret, su pueblo. Cuando enseñó allí en la sinagoga, todos quedaron asombrados, y decían: «¿De dónde saca esa sabiduría y el poder para hacer milagros?».* ***Y se burlaban:*** *«No es más que el hijo del carpintero, y conocemos a María, su madre, y a sus hermanos: Santiago, José, Simón y Judas. Todas sus hermanas viven aquí mismo entre nosotros. ¿Dónde aprendió todas esas cosas?». Se sentían profundamente* *ofendidos y se negaron a creer en él. Entonces Jesús les dijo: «Un profeta recibe honra en todas partes menos en su propio pueblo y entre su propia familia». Por lo tanto, hizo solamente unos pocos milagros allí debido a la incredulidad de ellos".* Esta era la gente con la que Jesús se crió. A causa de la familiaridad, no lo valoraron ni le honraron, incluso se burlaron. Debido a esa incredulidad no pudieron recibir, aun teniendo frente a ellos la fuente de vida y de milagros.

Para evitar que el enemigo robe la Palabra, lo que tenemos que hacer es honrarla, valorarla y darle la importancia que se merece. Mostremos a Dios respeto y reverencia. No seamos casuales ante Su Presencia, Él es nuestro Dios.

SEGUNDO TERRENO: LAS QUE CAYERON EN TIERRA ROCOSA

En *Marcos 4:16-17 (NTV)* Jesús explica sobre las semillas que cayeron en tierra rocosa, *"Las semillas sobre la tierra rocosa representan a los que oyen el mensaje y de inmediato lo reciben con alegría; pero como no tienen raíces profundas, no duran mucho. En cuanto tienen problemas o son perseguidos por creer la palabra de Dios, caen"*. Este tipo de terreno es superficial, poco profundo. Es tierra con capas de piedra debajo de ella. En este tipo de terreno la semilla penetró, pero no profundamente. Estas personas escucharon, al igual que en todos los terrenos, y están felices con la Palabra de Dios, creen por un tiempo porque cuando, a causa de la persecución por la Palabra, tienen que ejercer la fe o tomar posturas firmes conforme a lo establecido por Dios, caen. Esto ocurrió porque no tenían raíces profundas. En la Traducción “King James” dice *“…cuando surge la aflicción o la persecución por causa de la palabra, en seguida se* ***ofenden****”.* La traducción Wuest dice: *“Y como no tiene raíces en sí mismo, sino que es por naturaleza un complaciente, y venida la presión de las circunstancias, y la persecución por causa de la Palabra, enseguida ve en ella aquello que desaprueba y que le impide reconocer su autoridad”.* Estas personas se dejan llevar por la corriente del momento.

Me llama la atención varias cosas. En la traducción “King James” dice que la persona se ofende, esto es algo que vemos muy frecuentemente, sobre todo en estas últimas décadas. La gente vive ofendida por todo y con todos, incluyendo a Dios. Y esa es una característica de este tipo de terreno. Estas personas se ofenden con la Palabra de Dios, pero piensan que se ofendieron con el predicador o la persona que le amonestó y aconsejó con la Palabra. Pero en realidad están ofendidos con Dios. El problema con la ofensa es que te separa de Dios. Si cortas una rama de un tronco, esta se seca y muere porque la separaste de la fuente que le daba vida. Eso es precisamente lo que hace la ofensa. Te separa de Dios y de la gente que te conecta con Él. En *Juan 15:5 (NTV)* Jesús dijo: *"Ciertamente, yo soy la vid; ustedes son las ramas. Los que permanecen en mí y yo en ellos producirán mucho fruto porque, separados de mí, no pueden hacer nada".*

El relato que leímos de cuando Jesús fue a su ciudad natal, dice que la gente se ofendió con Él .*"Se sentían profundamente ofendidos y se negaron a creer en él..."* (*Mateo 13:57)* La ofensa evita que puedas recibir de Dios eso que tanto necesitas, te separa de la vida abundante que Dios quiere darte.

Este terreno es superficial y así mismo es el corazón de estas personas. Viven de apariencias, se ofenden, se dejan llevar por la corriente del mundo, por las opiniones de los demás, no les gusta que los confronten, buscan la aprobación del mundo y cosas semejantes a estas. El problema es que no tienen raíces. Para tenerlas hay que considerar el factor tiempo. Las cosas no se dan de un día para otro, hay que pasar tiempo con Dios, escuchando, estudiando su Palabra para que esas raíces se arraiguen al terreno del corazón. Cuando venga la persecución o las situaciones difíciles, esas raíces en la Palabra de Dios son las que nos van a sostener. Pero si no hay raíces la persona se va con la corriente del mundo.

Otro punto que me llamó mucho la atención es lo que dice la traducción *Wuest*: *"Y como no tiene raíces en sí mismo, sino que es por naturaleza un* ***complaciente,*** *y venida la presión de las circunstancias, y la persecución por causa de la Palabra,* ***enseguida ve en ella aquello que desaprueba y que le impide reconocer su autoridad"***. Este tipo de persona es complaciente, pero no con Dios, sino con el mundo y, por esa razón, aprueba todo lo del mundo y desaprueba lo de Dios. Esto es porque es más fácil nadar a favor de la corriente que en contra de ella. Estas personas tienen la autoridad de Dios para resistir, para ir en contra de este sistema del mundo, pero dice esta traducción que esa aprobación con el mundo le impide reconocer la autoridad que tienen en Dios. Si yo amo a Dios, no puedo aprobar ni estar de acuerdo con las cosas que Dios desaprueba. Si Dios dice que algo está mal, es así, aunque la mayoría diga que está bien; si Dios dice que algo está bien, es así aunque la mayoría diga que está mal. Hay cristianos que aprueban el aborto, la mentira, el homosexualismo, la convivencia, el adulterio, etc. Ellos dicen que aman a Dios, pero no están de acuerdo con Su Palabra (La Biblia). Dios y Su Palabra son uno, no se pueden separar. Incluso la Biblia dice que Jesús es la Palabra hecha carne en *Juan 1:14 (NTV): "Entonces la Palabra se hizo hombre y vino a vivir entre nosotros. Estaba lleno de amor inagotable y fidelidad. Y hemos visto su gloria, la gloria del único Hijo del Padre".*

Vivimos en un tiempo donde se cumple esta Escritura: *"¡Ay de los que a lo malo dicen bueno, y a lo bueno malo; que hacen de la luz tinieblas, y de las tinieblas luz; que ponen lo amargo por dulce, y lo dulce por amargo!" Isaías 5:20 (RVR1960)* A parte de la aprobación del mundo, hay cristianos que no se atreven a tomar ciertas decisiones por miedo a que otros creyentes los critiquen. Hay tradiciones religiosas que tienen atados a muchos cristianos. Si por ejemplo, Dios te dirige a que no te sometas a un tratamiento, que cambies de trabajo, que hagas una empresa, que te mudes a otro país, que te separes de ciertas personas que traen una influencia negativa a tu vida, y tú estás claro de que ha sido de parte de Dios y tienes paz en tu corazón, no permitas que otros creyentes siembren duda.

Cuando venga la persecución a causa de la Palabra no podemos salir corriendo al mundo para evitar que nos señalen, no podemos complacerlos. Tenemos que agradar a Dios y entender que este mundo necesita de cristianos que tomen posturas firmes por Dios. No dejes de recibir de parte de Dios por complacer al mundo. La verdad es que somos adictos a que la gente nos apruebe. Recientemente escribí un libro relacionado a este tema titulado: *Rompe la adicción a la aprobación de la gente*, si quieres profundizar un poco más en este tema lo puedes adquirir en Amazon.

Voy a compartir contigo unas Escrituras relacionadas a esto:

- *Juan 12:43 (NTV), "porque amaban más la aprobación humana que la aprobación de Dios".*
- *Juan 5:44 (TLA) Jesús dijo: "¡Cómo van a creerme, si les gusta que sea la gente la que hable bien de ustedes, y no el Dios único!"*
- *Gálatas 1:10 (TLA) "Yo no ando buscando que la gente apruebe lo que digo. Ni ando buscando quedar bien con nadie. Si así lo hiciera, ya no sería yo un servidor de Cristo.*

¡Para mí, lo importante es que Dios me apruebe!"

Del segundo terreno podemos aprender que tenemos que echar raíces en la Palabra de Dios y arraigarnos a ella, y eso requiere tiempo, no es de un día para otro. Incluso Dios quiere que estemos arraigados en Su amor. *Efesios 3:17 (NTV) dice: "Echarán raíces profundas en el amor de Dios, y ellas los mantendrán fuertes".*

No podemos tener una vida fundamentada en la ofensa, tenemos que madurar y enfocarnos en Dios. Por último, lo que realmente importa es la aprobación del que te ama, te bendice y te da todo: DIOS. Él nos ha dado autoridad sobre toda situación. Que nada ni nadie nos mueva de lo que hemos creído.

TERCER TERRENO: LOS QUE CAYERON ENTRE ESPINOS

En este terreno Jesús explicó lo siguiente *en Lucas 8:14 (NTV): "Las semillas que cayeron entre los espinos representan a los que oyen el mensaje, pero muy pronto el mensaje queda desplazado por las preocupaciones, las riquezas y los placeres de esta vida. Así que nunca crecen hasta la madurez".* En este tipo de terreno la semilla pudo penetrar. Las personas que representan este terreno o corazón han entendido más cosas que los terrenos anteriores, no se ofenden fácilmente y me parece que tienen raíces más fuertes. Si notas, cada terreno muestra un aumento en entendimiento y entrega a las cosas de Dios. Este terreno va bien, pero el problema es que en ese corazón, a parte de la Palabra de Dios, hay también otras semillas sembradas que están creciendo. Lo malo es que esas otras ahogaron los brotes de la buena semilla. Jesús reveló cuáles son esas cosas: las preocupaciones, las riquezas y los placeres de esta vida.

Hay mucho que hablar de cada una de ellas, pero voy a tratar de tocar superficialmente algunas cosas. No obstante, te invito a que estudies a profundidad cada una de ellas y permitas que Dios te vaya ministrando sobre este tema. Notamos que Jesús llamó espinos a las preocupaciones, las riquezas y a los placeres de esta vida. Busqué información sobre los espinos y te la resumo de la manera más sencilla, básicamente son una especie de plantas que tienen una característica en común: tienen espinas. Todas estas cosas crecieron junto con los brotes de aquella buena semilla, pero todos estos espinos la ahogaron, la asfixiaron. Jesús nos enseña que estas tres cosas: preocupaciones, engaño de las riquezas y placeres de esta vida, ahogan o asfixian a la persona. En una ocasión escuchaba al pastor Jeremy Pearsons y él decía que estas tres cosas reflejaban un problema de orgullo o egocentrismo en las personas, aunque no estén conscientes de lo que realmente ocurre. Estoy muy de acuerdo con él, por eso te las comparto:

1. Preocupaciones - ¿Cómo **YO** lo puedo hacer?
2. Engaño de las riquezas – ¡Si **YO** tuviera más, todo estaría bien!
3. Placeres de la vida – **YO** quiero lo que él/ella tiene.

Si te fijas todo se centra en la persona, en su "**YO**". Todo esto refleja un problema de provisión y su origen es la falta de confianza en Dios, nuestro Proveedor.

PREOCUPACIONES

*En Filipenses 4:6 (TLA) dice: "No se preocupen por **nada**. Más bien, oren y pídanle a Dios todo lo que necesiten, y sean agradecidos".* Esto no es una sugerencia, es un mandato. Permites que crezcan espinos cuando comienzas a preocuparte por las cosas. Me llama la atención que absolutamente nada debe preocuparnos. No malinterpretes, una cosa es ocuparte y la otra es preocuparte. No te dice que no te ocupes, dice que no te preocupes. La preocupación es una rama del temor. Es cuando confías en que algo malo pasará. Tu mente hace una película de lo que podría pasar, si sucediera lo que estás pensando. Por ejemplo, podrías tener miedo a hacer algo mal en tu trabajo y te despidan. Ahí tu mente comienza la película, te ves cometiendo ese gran error y a tu patrono despidiéndote a gritos.

Luego, en tu pensamiento, te ves sin dinero para pagar tus deudas, sin poder conseguir otro trabajo, tus hijos hambrientos… y por ahí sigue la película. Debido a esto trabajas ansioso, inseguro, pones una presión innecesaria sobre ti, tu salud se afecta y vives en constante tormento. Eso hace la preocupación… te ahoga, te asfixia. Pusimos el ejemplo de la posible pérdida de empleo, pero es el mismo libreto para asuntos de la salud, la crianza, el matrimonio, entre otros. Como decimos en Puerto Rico: "es el mismo perro con diferente collar".

Todos estos pensamientos te van estrangulando. Cuando una persona está siendo físicamente asfixiada se le va cortando la respiración, se va quedando sin fuerzas y no puede hablar. Vamos a llevar esto mismo al ámbito espiritual. El enemigo, a través de la preocupación, te "estrangula" para que no puedas declarar la Palabra de Dios en ese momento. Recuerda que es la Palabra de Dios la que es medicina, salud y vida a tu cuerpo. Si no hablas la Palabra, si no actúas conforme a ella para ir en contra de la situación en la que te encuentras, terminarás ahogado. Esto lo vemos una y otra vez. Gente que se cruza de brazos y lo que hace es lamentarse, pero no obedecen lo que la Palabra establece. En vez de engrandecer a Dios, engrandecen al problema. Este tipo de persona, según esta parábola, no va a rendir fruto, se quedan ahogados.

1 Pedro 5:7 (NTV) dice: "Pongan todas sus preocupaciones y ansiedades en las manos de Dios, porque él cuida de ustedes". ¿Por qué viene la preocupación? Porque no se tiene la seguridad de que realmente Dios nos va a cuidar. Porque se confía más en el poder del enemigo que en el de Dios. Soslayadamente le estamos diciendo a Dios que está mintiendo. Escribo esto para que reflexionemos al respecto, sé que es una confrontación, pero es la verdad. El temor es la misma fuerza de la fe, pero al revés. Creo que es tiempo de creerle a Dios, Él no miente. En varias Escrituras podemos ver una y otra vez la expresión "conforme a tu fe sea hecho". Sea que te sometas al temor o a la fe, va a ser hecho. Ambas van a traer fruto.

Vamos a ver una misma Escritura en dos traducciones:

"En el amor no hay temor, sino que el perfecto amor echa fuera el temor; porque el temor lleva en sí castigo. De donde el que teme, no ha sido perfeccionado en el amor". ***1 Juan 4:18 (RVR1960)***

"El amor no sufre del miedo. Por el contrario, el amor que es maduro echa fuera el miedo, pues el miedo tiene que ver con el castigo. Así que el que sufre del miedo, todavía tiene que madurarse en el tema del amor". ***1 Juan 4:18 (PDT)***

En otras palabras, cuando tenemos temor es que no hemos entendido el amor de Dios. Cuando lo entiendes, ese amor va a echar fuera al temor. Vas a confiar plenamente en Dios, vas a enfocarte en lo que dice la Palabra, aunque veas a tu alrededor un testimonio negativo en la vida de algunas personas. Anteriormente hablamos de que tenemos que dejar de poner nuestra confianza en el testimonio negativo de las personas y poner nuestra confianza en lo que dice la Palabra, porque no sabemos si realmente la persona estaba creyendo.

Aprendamos a poner nuestro enfoque en la Palabra y no en las circunstancias a nuestro alrededor. Conoces muy bien el *Salmo 91:7 (NTV)* que dice: *"Aunque caigan mil a tu lado, aunque mueran diez mil a tu alrededor, esos males no te tocarán"*. En esto debe estar fundamentada nuestra confianza. Cuando es revelado en tu corazón el gran amor de Dios para ti, el temor puede tocar a la puerta de tu corazón, puedes tener "síntomas de temor" en tu cuerpo (piel erizada, palpitaciones, temblores, etc.), pero como tú estás sometido y creyendo la Palabra de Dios, ese centinela, la paz de Dios, guardará tu corazón y mente en Cristo Jesús y tomarás autoridad sobre eso en el nombre de Jesús.

¿Cómo podemos arrancar los espinos de raíz? Siendo humildes ante Dios, reconociendo que no es por nuestros esfuerzos ni nuestra gran sabiduría, sino echando nuestras ansiedades sobre Él para que nos dirija hacia el camino que debemos seguir.

ENGAÑO DE LAS RIQUEZAS

En general, la gente piensa que las riquezas lo solucionan todo y es la herramienta que conduce a la felicidad, pero sabemos que no es así. Anteriormente te compartía que hay gente que tiene riquezas, pero viven atormentados. La solución, la felicidad plena y estable se encuentran solamente en Jesús.

Ahora bien, Dios quiere que seamos prósperos para ayudar a otros. Vamos a leer *3 Juan versículo 2 (RVR1960): "Amado, yo deseo que tú seas prosperado en todas las cosas, y que tengas salud, así como prospera tu alma".* Ese es el deseo de Dios, pero fíjate que va de la mano con la prosperidad de nuestra alma. Nuestra alma (emociones, pensamientos, voluntad, entre otras) va prosperando, mientras vamos profundizando en las cosas de Dios. Es decir, primero prosperamos por dentro, para que prosperemos por fuera. En Dios todo comienza en el interior y se manifiesta en el exterior.

Algunos piensan que el dinero es malo. El dinero en sí no es malo ni bueno, lo que lo determina es el uso que le da quien lo posee. La Biblia habla mucho sobre este tema, pero en esta ocasión comparto contigo esta Escritura en *1 Timoteo 6:10 (NTV): "Pues* ***el amor al dinero*** *es la raíz de toda clase de mal; y algunas personas, en su intenso deseo por el dinero, se han desviado de la fe verdadera y se han causado muchas heridas dolorosas".* El problema no es el dinero, es el amor al dinero. No es lo mismo tener dinero que amar al dinero. Necesitamos dinero para cubrir nuestras necesidades y ayudar a otros. Ten el dinero, pero que el dinero no te tenga a ti. Cuando entiendes que tu proveedor es Dios y no el dinero, esas espinas no te van a ahogar, porque tienes al Proveedor contigo.

Las riquezas no son malas, es el amor a ellas. Mira lo que *dice 1 Timoteo 6:17-19: "Enséñales a los ricos de este mundo que no sean orgullosos ni que confíen en su dinero, el cual es tan inestable. Deberían depositar su confianza en Dios, quien nos da en abundancia todo lo que necesitamos para que lo disfrutemos. Diles que usen su dinero para hacer el bien. Deberían ser ricos en buenas acciones, generosos con los que pasan necesidad y estar siempre dispuestos a compartir con otros. De esa manera, al hacer esto, acumularán su tesoro como un buen fundamento para el futuro, a fin de poder experimentar lo que es la vida verdadera".* Aquí no dice que tener dinero es malo, lo que no debes hacer es sustituir a Dios por el dinero. No pongas tu confianza en el dinero.

Debido a los problemas económicos que enfrenta la sociedad, hay personas que no dan por miedo a que se les "acabe" el dinero. Ten tranquilidad con esto porque la crisis económica de un país no es lo que va a definir si somos prosperados o no. Si Dios pudo prosperar a Abraham y alimentar sus rebaños en el desierto, sin duda alguna hará lo mismo por ti en medio de cualquier crisis económica, porque Él es quien suple todo lo que necesitamos conforme a sus riquezas en gloria. *"Y este mismo Dios quien me cuida suplirá todo lo que necesiten, de las gloriosas riquezas que nos ha dado por medio de Cristo Jesús". Filipenses 4:19 (NTV)* Créelo y recuerda siempre que Dios es la fuente de nuestra provisión.

PLACERES DE LA VIDA

Esta área cubre muchas cosas, pero lo que Dios me ha movido a compartir contigo es cuando queremos lo que otros tienen. No es malo querer algo, lo malo es cuando el motivo es porque otro lo tiene. Eso es envidia, codicia. Por cierto, es el décimo mandamiento. *En Éxodo 20:17 (NTV) dice: "No codicies la casa de tu prójimo. No codicies la esposa de tu prójimo, ni su siervo, ni su sierva, ni su buey, ni su burro, ni ninguna otra cosa que le pertenezca".*

La codicia es todo lo contrario a la generosidad. El que es codicioso no es caritativo. Busqué la definición de codicioso y encontré que es una persona que se considera merecedor de aquello que desea por tener más méritos, poder o estatus que otro. Es una persona que quiere tener más y más. La persona codiciosa vive con una carga emocional grande porque todo su enfoque está en él y todo lo que tiene que hacer para satisfacer su ego. Mira lo que Jesús dijo en *Lucas 12:15 (TLA) "Luego miró Jesús a los que estaban allí, y les dijo: «¡No vivan siempre con el deseo de tener más y más! No por ser dueños de muchas cosas se vive una vida larga y feliz.»"* No medimos la vida de acuerdo con lo que poseemos, tampoco por lo que no poseemos ni por lo que otros posean o no. Esto es libertador. Dios no está en contra de las riquezas, está en contra de la codicia.

Los placeres de este mundo no necesariamente son cosas malas, pero mantienen a la persona enfocada en la dirección incorrecta. Para que me puedas entender, pondré como ejemplo una historia de alguien que conocí. Era una persona cristiana que tenía un trabajo que le daba la oportunidad de viajar frecuentemente. En estos viajes comenzó a conocer personas importantes en su industria de trabajo, pero estas no respetaban las instrucciones de Dios y su estilo de vida era uno desenfrenado. Ellos le ayudaron a crecer profesionalmente, así que comenzó a tener una mejor posición económica y obtuvo reconocimientos. Llegó un momento en que estas personas lo influenciaban demasiado, no solo en el trabajo, sino en áreas personales de su vida. En ese momento, este cristiano debía tomar una decisión. Tenía dos opciones a escoger:

- La primera era hacer su trabajo, pero establecer ciertos límites en el compartir con estas personas, ya que podían seguir influenciando negativamente en su vida. Esto lo dice la Escritura en *1 Corintios 15:33 (PDT): "Pero no se dejen engañar: «Las malas compañías dañan las buenas costumbres»"*. También debió reconocer que su proveedor era Dios, que su enfoque debía ser agradarle a Él y mantenerse viviendo una vida conforme a la Palabra. Debía darle prioridad a Dios y lo demás vendría por añadidura. Iba a ser prosperado bajo el método de Dios. *"La bendición de Jehová es la que enriquece, Y no añade tristeza con ella". Proverbios 10:22 (RVA)*

- La segunda opción que tenía era continuar compartiendo con ellos y permitir su influencia negativa, a sabiendas de que corría el riesgo de enfriarse poco a poco en las cosas del Señor. Al escoger esta opción, comenzaría a hacer cosas que jamás pensó que haría, pero como prefería agradar a esas personas, actuaría como ellas. Al pasar el tiempo, ya ese cristiano no sería el mismo. Los placeres de la vida lo podrían influenciar tanto que, cuando se diera cuenta, ya habría perdido demasiado.

Lamentablemente, este cristiano eligió la segunda opción. No me malinterpretes, no es que nos estanquemos profesionalmente, ¡crezcamos!, pero bajo el método de Dios y no del mundo. *"Porque ¿de qué le sirve a uno ganarse todo el mundo, si pierde su alma? ¿O qué puede dar uno a cambio de su alma?" Mateo 16:26 (RVC)* Esto también son espinos que ahogan a la persona, el querer tener el poder y el control es algo drenante y tormentoso.

Hemos visto, de manera general, cada uno de estos espinos. Pero, ¿sabías que los espinos comenzaron a aparecer desde la caída de Adán y Eva? El primer momento donde se relata sobre los espinos es en *Génesis 3:17-18 (NTV): "Y al hombre le dijo: «Dado que hiciste caso a tu esposa y comiste del fruto del árbol del que te ordené que no comieras, la tierra es maldita por tu culpa. Toda tu vida lucharás para poder vivir de ella. Te producirá* ***espinos*** *y cardos, aunque comerás de sus granos".* Pero lo hermoso es que también aparecen en nuestra redención. A Jesús le pusieron una corona de espinas. *Mateo 27:29 (PDT) dice: "Hicieron una corona hecha de* ***espinas****, se la colocaron en la cabeza y le pusieron una caña en la mano derecha. Se arrodillaron ante él y se burlaban,* *diciendo: «¡Viva el rey de los judíos!»"* Él llevó esa corona de espinas para que tú no la llevaras y, a cambio, te dio una de favores y misericordias. *Salmos 103:4 (RVA) dice: "El que rescata del hoyo tu vida, El que te corona de favores y misericordias".* ¡Qué bueno es el Señor! Personalmente decido entregarle mi corona de espinas y a cambio recibo su corona de favores y misericordias. Esa es Su voluntad.

¿Sabes cuál es el antídoto contra las preocupaciones, las riquezas y los placeres de la vida? Entender cuánto Dios nos ama. Cuando lo hacemos, ya no luchamos queriendo resolver todo nosotros mismos, tratando de ser nuestros proveedores ni buscando satisfacer nuestros egos. Cuando confiamos plenamente que Dios nos va a suplir, el temor se va porque entra en escena la fe en Dios, descansamos en Su gran amor por nosotros, en Su protección constante. Medita en es esta poderosa Escritura que se encuentra en *Efesios 3:17-19 (NTV): "Entonces Cristo habitará en el corazón de ustedes a medida que confíen en él.* ***Echarán raíces profundas en el amor de Dios****, y ellas los mantendrán fuertes. Espero que puedan comprender, como corresponde a todo el pueblo de Dios, cuán ancho, cuán largo, cuán alto y cuán profundo es su amor. Es mi deseo que experimenten el amor de Cristo, aun cuando es demasiado grande para comprenderlo todo. Entonces serán completos con toda la plenitud de la vida y el poder que proviene de Dios".*

El antídoto es que profundices en el amor de Dios y que lo experimentes.

CUARTO TERRENO: LAS QUE CAYERON EN BUENA TIERRA

En este terreno Jesús dijo que la semilla dio fruto, hubo cosecha en diferentes niveles, ¡pero la hubo! En el relato de Mateo 13 vemos que son las personas que de verdad oyen y entienden la Palabra; en Marcos dice que aceptan la Palabra y en Lucas dice que son las personas sinceras, de buen corazón, que oyen la Palabra de Dios y se aferran a ella con paciencia. ¡Que contraste con los demás terrenos! Estas personas, tienen un corazón sensible a Dios y están enfocados en su Palabra. Cuando Dios los corrige, a través de la Biblia, ellos lo aceptan y toman posturas correctas para agradar a Dios, sin importar lo que la gente pueda opinar. La Palabra de Dios es su guía para todo. Ellos ven a Dios en todas las áreas de sus vidas. Mientras otros ven en la Biblia solo palabras, estas personas ven más allá, ven vida y medicina para su cuerpo. Fíjate que también se aferran a la Palabra con paciencia. Quiero detenerme en esta característica porque va directamente relacionada con el tiempo de espera.

Cuando sembramos una semilla, no tenemos la cosecha de inmediato. Pasa un tiempo entre la siembra y la cosecha, y esto requiere paciencia. Así pasa con las cosas espirituales. Si necesitamos algo, sembramos en nuestro corazón la Palabra de Dios que trae la solución y con el tiempo veremos la cosecha físicamente. Por ejemplo, supongamos que una persona cristiana padece de ataques de pánico. La persona está clara de que eso no viene de Dios, incluso entiende que Jesús lo llevó en la cruz para que pudiera vivir libre de temor; le pide al Señor dirección, se somete a Dios, y resiste a ese espíritu de temor cada vez que lo ataque. Esta persona comienza a estudiar y a meditar en Escrituras que hablan acerca del temor, de la fe, todo lo relacionado con esta situación. Sigue meditando en la Palabra, escucha predicaciones relacionadas a ser libre de temor, protección de Dios, etc. Esa buena semilla que está siendo sembrada en su corazón, el cual es un buen terreno, comienza a dar fruto; y la libertad que ya estaba en su espíritu nacido de nuevo, se manifiesta físicamente. Ya tiene su cosecha. *Hebreos 6:12 (PDT) dice: "No queremos que se vuelvan perezosos. Más bien, sigan el ejemplo de los que reciben las promesas de Dios porque tienen fe y paciencia".*

La palabra paciencia no nos gusta mucho, porque en este mundo "express" que vivimos no queremos esperar. Pero la paciencia es necesaria, porque para que se manifiesten ciertas cosas tienen que ocurrir otras y eso toma tiempo. He aprendido que esperar no necesariamente es quedarme sentada sin hacer nada, es mantenerme a la expectativa de lo que Dios va a hacer y de los pasos que me inquieta a dar.

Una de las características de este terreno es que se aferran a la Palabra de Dios y esperan con paciencia. Tal vez estás pasando por algunas de estas situaciones:

- En tu corazón hay un anhelo grande de hacer algo, pero no sabes lo que es. Si es así, mantente a la expectativa…
- Tienes una petición en tu corazón que sabes que está dentro de la voluntad de Dios y estás esperando la manifestación de la misma. Si es así, mantente a la expectativa…
- Dios te dijo que hicieras algo, en fe tomaste decisiones y ahora estás atento a sus siguientes instrucciones; entonces mantente a la expectativa.
- Ya estás claro en lo que tienes que hacer, pero necesitas las herramientas para llevar a cabo el trabajo asignado, mantente a la expectativa.

¿Sabes por qué traigo esto? Mucha gente se cansa de "esperar" por la respuesta a su petición. Hay una diferencia entre rendirse versus mantener las expectativas. Esperar es simplemente que te mantengas a la expectativa, que estés atento a lo que Dios te va mostrando que tienes que hacer. Muchas veces tenemos la percepción de que esperar es no hacer nada al respecto. Esperar es prestar atención a lo que Dios va poniendo en tu corazón, que estés a la expectativa, porque vas a recibir Sus instrucciones. En ocasiones, es que no hagas nada; pero en otras, Él te inquieta con un deseo, un pensamiento, a que escuches a alguien o que no escuches a ciertas personas. Por eso, tienes que mantenerte a la expectativa, porque vas a recibir Su respuesta. Mucha gente se desespera y eso les estorba, no les permite escuchar de Él, están muy distraídos con la desesperación. En nuestra vida hay cosas que se manifiestan rápido, pero otras tardan, ¿por qué? A veces puede ser incredulidad de nuestra parte, otras veces puede ser que algo no nos convenga, pero otras es debido al factor tiempo. Recuerda que hay cosas que requieren tiempo. Por ejemplo, si quieres ser un médico o abogado, tienes que estudiar por varios años, no es algo de la noche a la mañana. Hay cosas que requieren experiencias y madurez. Un niño no pasa de gatear a correr, primero da pasitos, camina y luego de que sus músculos se hayan desarrollado, está listo para correr. Así ocurre con nosotros espiritualmente, aunque tengas un llamado, hay un tiempo de preparación. Vas dando pasos de fe, y cada paso que das te va acercando a la manifestación de aquello que Dios ha puesto en tu corazón. ¡Así que no te desesperes, espera manteniéndote a la expectativa!

Para finalizar este capítulo hago un breve resumen. ¿Por qué las cosas no están funcionando? ¿Por qué no estoy recibiendo? Por el tipo de terreno del corazón. La semilla (la Palabra de Dios) funciona perfectamente, pero el terreno del corazón es el que determina la cosecha. Echemos un vistazo a los tipos de terreno:

1. ***En el camino*** – la semilla nunca penetró, por eso no produjo fruto.
2. ***Tierra rocosa*** - no echó raíces, no profundizó, era superficial, por eso no produjo fruto.
3. ***Entre espinos*** – algo más brotó y eso la ahogó, por eso no produjo fruto.
4. ***Buena tierra*** – penetró, echó raíces profundas y obtuvo frutos.

Seamos esa buena tierra. No nos rindamos, perseveremos y continuemos creyendo. *Hebreos 10:39 (NTV) dice: "Pero nosotros no somos de los que se apartan de Dios hacia su propia destrucción. Somos los fieles, y nuestras almas serán salvas".*

PRESTA ATENCIÓN A DIOS

Sin duda alguna, una de las maneras en que podemos guardar nuestro corazón es prestándole atención a Dios. Nuestra vida será gobernada por lo que tenga nuestra atención total o enfoque y traerá consecuencias sean positivas o negativas. Por eso, a través de la Biblia, vemos que una y otra vez dice que le prestemos atención a Dios. Quiero compartir contigo una de estas Escrituras que se encuentra en *Proverbios 3:5-8 (NTV)*: *"Confía en el Señor con todo tu corazón; no dependas de tu propio entendimiento. Busca su voluntad en todo lo que hagas, y él te mostrará cuál camino tomar. No te dejes impresionar por tu propia sabiduría. En cambio, teme al Señor y aléjate del mal. Entonces dará salud a tu cuerpo y fortaleza a tus huesos".* Quiero compartirte también el versículo 6 en la Traducción

Lenguaje Actual: *"Toma en cuenta a Dios en todas tus acciones, y él te ayudará en todo".*

Cuando confiamos en Dios de todo nuestro corazón estamos actuando en humildad, por el contrario, cuando dependemos de nuestro propio entendimiento estamos actuando en orgullo. La humildad pregunta y se deja enseñar, el orgullo asume y cree que no necesita ser enseñado. Muchas veces queremos tener la salida de algo basado en nuestro conocimiento y en nuestras experiencias vividas, cuando Dios quiere que dependamos de Él en todas nuestras acciones. No solo en los grandes retos, sino en todo lo que pasa en nuestras vidas.

David, aunque era un hombre diestro en batallas con una gran experiencia, siempre le preguntaba al Señor cómo iba a enfrentarse a sus enemigos; y vemos que Dios le daba diferentes estrategias. Pero lo que me agrada es que le preguntaba, actuaba en humildad, porque él sabía que el éxito de la batalla se encontraba en las estrategias que Dios le daba. Así es con nuestras vidas, hay que consultar con Dios las estrategias que nos darán la victoria. Aunque seas un experto en algo, consulta siempre con Dios. Voy a compartir dos ejemplos bíblicos que nos van a ayudar a tener un entendimiento más amplio de estos versículos.

- ***Naamán***

El primer ejemplo es Naamán, cuyo relato se encuentra en 2 Reyes 5. Él era el comandante del ejército de Siria. A parte de ser un poderoso guerrero y tener el respeto de la gente y del rey, Naamán tenía algo más: lepra, una terrible enfermedad que para ese tiempo no tenía cura. Durante ese tiempo, Israel había sido invadido. Con este hombre y su esposa vivía una niña israelí que había sido llevada cautiva y era la criada de la esposa de Naamán.

Esta niña, definitivamente dirigida por Dios, no tuvo miedo de decirle a su señora que Naamán podría ser sanado si iba a la casa del profeta Eliseo. Esta jovencita tenía conocimiento del poder de Dios y no se quedó callada. Naamán fue a contarle al rey, quien le dijo que fuera y le dio una carta para que se la diera al rey de Israel. También llevó regalos, los cuales indagando un poco aprendí que, si los convertimos en dólares, fluctuaban entre los $912,000 a $3,000,000.

Esta información fue obtenida de diversos estudiadores de la Biblia. Lo que quiero que veas es que era mucho dinero. Hago un alto para preguntarte, ¿esta joven habló acerca de cartas para el rey de Israel y regalos para el profeta? No. Vamos a ver que le dijo: *2 Reyes 5:3 (NTV) : "Cierto día, la muchacha le dijo a su señora: «Si mi amo tan solo fuera a ver al profeta de Samaria; él lo sanaría de su lepra»."* Fue algo sencillo, ir directo al profeta y él lo sanaría. Pero el rey y Naamán añadieron cosas que la jovencita no había dicho y precisamente esto fue lo que causó problemas. Vamos a comparar lo que vimos de Proverbios con lo que va de este relato.

Proverbios 3:5- "Confía en el Señor con todo tu corazón" (hacer específicamente lo que la jovencita dijo); *"no dependas de tu propio entendimiento"* (las añadiduras que el rey y Naamán hicieron).

Si Dios dice que hagas algo de una manera específica, hazlo así. Ni le quites ni le añadas porque el plan de Dios es perfecto y lo podemos dañar. Luego culpamos a Dios de que las cosas no salieron bien. Pero, ¿hicimos realmente lo que Dios nos dijo o fue parcialmente?

Naamán emprendió el viaje a Samaria, le entregó la carta al rey de Israel y este malinterpretó la carta, se molestó porque pensó que quería una guerra. *"Cuando el rey de Israel leyó la carta, rompió su vestido y dijo: —¿Acaso soy Dios? No tengo poder sobre la vida y la muerte para que el rey de Siria me mande un hombre para que lo sane de lepra. Fíjense bien que lo que quiere es atacarme". 1 Reyes 5:7 (PDT)* ¡Los problemas que causamos cuando queremos "ayudar" a Dios! Recordemos que Él no necesita ayuda, somos nosotros los que la necesitamos. Eliseo se enteró y le dijo al rey que se lo enviara. ¡Que misericordia y amor tiene Dios sobre la humanidad! Naamán va para allá con todos sus acompañantes y cuando llega, Eliseo no lo recibe personalmente, sino que manda a un mensajero para decirle que vaya al río Jordán y se lave siete veces para quedar sano (versículo 10 NTV) :*"pero Eliseo le mandó a decir mediante un mensajero: «Ve y lávate siete veces en el río Jordán. Entonces tu piel quedará restaurada, y te sanarás de la lepra»".* Dios tenía razones por las cuales le dijo a Eliseo que enviara el mensaje con un mensajero.

Esto enfureció muchísimo a Naamán. Él era alguien importante y Eliseo ni tan siquiera lo recibió. El verso 11 dice cómo el respetado comandante del ejército de Siria se había imaginado su sanidad: *Naamán se enojó mucho y se fue muy ofendido. "«¡Yo creí que el profeta iba a salir a recibirme!—dijo—. Esperaba que él moviera su mano sobre la lepra e invocara el nombre del Señor su Dios ¡y me sanara!"* Se parece mucho a nosotros, nos imaginamos cómo Dios va a obrar conforme a nuestra opinión, nuestro entendimiento o a nuestra lógica razonable, pero a veces las cosas que Dios pide que hagamos para salir de la situación no tienen lógica para nosotros. Lavarse en un río siete veces para ser sanado de lepra no tiene lógica para el ser humano, pero si es lo que Dios dice, te aseguro que Él sabe más que nosotros. Hay que actuar en fe. Dios nos va a pedir cosas que, basado en nuestro limitado entendimiento suenan irracionales, pero no es así. Si realmente es Dios dirigiéndote, hazlo, porque ahí es donde está tu solución permanente.

Naamán continuó con su razonamiento, diciendo: *"¿Acaso los ríos de Damasco — el*

Abaná y el Farfar—no son mejores que cualquier río de Israel? ¿Por qué no puedo lavarme en uno de ellos y sanarme?». Así que Naamán dio media vuelta y salió enfurecido". Fíjate que actuó lleno de orgullo. El profeta mandó a decirle lo que tenía que hacer, no fue que no le dio instrucciones. Lo que pasa es que al no recibirlo personalmente, hirió su orgullo porque él era rico, tenía criados y un gran puesto en Siria. Ese orgullo le estaba costando obtener su sanidad de lepra. También nosotros actuamos con orgullo cuando Dios nos da instrucciones y queremos tomar atajos para ahorrarnos tiempo o dinero, cuando en realidad podemos perder muchas cosas. Cuando respetamos a Dios y nos sometemos a Él, somos obedientes.

Retomando el relato, sus oficiales trataron de convencerlo y ¡qué bueno que accedió! Que bendición es estar rodeados de gente que nos ayuden a abrir nuestros ojos espirituales. Fue al río e hizo lo que el profeta le mandó a hacer. Esto no lo relata la Biblia, pero me imagino que cada vez que se sumergía, le venían pensamientos de que estaba haciendo el ridículo, posiblemente dudando si recibiría su milagro, ¡pero lo hizo! Cuando creemos es con el corazón, no con la mente. Desde la vez número uno hasta el número seis, él seguía viendo la lepra; siguió, aunque en su mente estuviera el pensamiento de que eso no estaba funcionando. Pero a la séptima vez pasó algo maravilloso, el versículo 14 dice: *"Entonces Naamán bajó al río Jordán y se sumergió siete veces, tal como el hombre de Dios le había indicado. ¡Y su piel quedó tan sana como la de un niño, y se curó!"* ¡Que bendición obtenemos cuando seguimos la dirección de Dios!

Cuando recibió la sanidad fue donde Eliseo y esta vez él lo recibió personalmente. Le ofreció el dinero, la ropa y todo lo que trajo que, económicamente hablando, tenía muchísimo valor, sin embargo, por instrucción de Dios, Eliseo no los aceptó. Esta sanidad fue pura gracia, no había que dar nada a cambio. No solo Naamán fue sano, sino que dijo que ahora iba a servir a Dios, versículo *17 dice: "...A partir de ahora, nunca más presentaré ofrendas quemadas o sacrificios a ningún otro dios que no sea el Señor".*

- ***Pablo***

El segundo ejemplo es un relato relacionado con Pablo, un hombre de Dios que escribió la mayoría de los libros del Nuevo Testamento. Dios lo usó poderosamente y su llamado era llevar el Evangelio a los gentiles. Se presentó ante gente muy influyente, reyes y gobernantes para hablarles sobre Jesús. Pablo sufrió mucha persecución y estuvo preso a causa del Evangelio. El relato que quiero compartir contigo se encuentra en Hechos 27. Vamos a ver la importancia de prestarle atención a la voz de Dios para guardar nuestro corazón.

Los primeros versículos narran que Pablo estaba prisionero y, junto con otros presos, iban hacia Roma. En los versículos 17 al 20 él explica porque iba hasta allá. Durante este viaje el barco tenía en agenda hacer varias paradas (versículo 2), sin embargo, debido a inclemencias del tiempo, estaban atrasados en su agenda (versículo 9). A través de una percepción, una guianza, un presentimiento, el Espíritu Santo le mostró a Pablo que no hicieran el viaje. Él no escuchó una voz audible, era algo que tenía en su corazón (versículos 9 al 10). *"Habíamos perdido bastante tiempo. El clima se ponía cada vez más peligroso para viajar por mar, porque el otoño estaba muy avanzado, y Pablo comentó eso con los oficiales del barco. Les dijo: «Señores,* ***creo*** *que tendremos problemas más adelante si seguimos avanzando: naufragio, pérdida de la carga y también riesgo para nuestras vidas»".* Hay que prestarle atención a esas impresiones o presentimientos que vienen a nuestro corazón porque es voz de Dios. Pablo sabía que tenía que presentarse ante reyes y gentiles en Roma, pero eso no significaba que tenía que ser en ese momento. Hay compromisos acordados que podemos posponerlos, si Dios así lo muestra. Que algo se posponga no significa que no se vaya a realizar. Si eres dirigido por Dios tienes que ser flexible a los cambios. A veces planificamos cosas, pero sentimos departe de Dios que hay que cancelarlas o posponerlas. Tenemos que ser entendidos en las instrucciones de Dios. *Proverbios 4:13(NTV) dice: "Aférrate a mis instrucciones; no las dejes ir. Cuídalas bien, porque son la clave de la vida"*. La *Traducción Lenguaje Actual dice: "Acepta mis enseñanzas y no te apartes de ellas; cuídalas mucho, **que de ellas depende tu vida**"*. En mi libro *:¿Cómo puedo escuchar la voz de Dios?* cuento una experiencia personal que tuve y voy a compartir un extracto de la misma:

"Para el 2008, mi esposo y yo habíamos pagado un viaje para una isla del Caribe. Muy cercano a la fecha de irnos, yo me

sentía intranquila con ese viaje, pero pensé que eran tonterías mías y no le dije nada a mi esposo. La intranquilidad era insoportable, no pude aguantar y le conté a mi esposo lo que me pasaba. Él me dijo que se sentía exactamente igual, pero no quería dañarme la "ilusión" de hacer ese viaje. Entendimos que era un mensaje de Dios para que no fuéramos. Cancelamos, perdimos el dinero, pero teníamos una paz y alegría grandísima. No sabemos qué iba a pasar, pero sin duda alguna, pasaría algo que no sería bueno. Tal vez "perdimos" el dinero, pero no perdimos otras cosas de más valor o irremplazables como la vida. No necesito indagar para saber qué pasó esa fecha, lo que necesito es responder en obediencia a la instrucción de Dios, sabiendo que Él siempre me guía para cuidarme. ¡De cuántas muertes, nos habrá librado el Señor, sin nosotros saberlo!" El pastor Keith Moore dijo en una ocasión algo que ministró mucho a mi vida: "No necesito una razón para no hacer algo, lo que necesito es una guianza para hacerlo".

Siguiendo con el relato, el oficial a cargo de los prisioneros le consultó al capitán, un hombre con experiencia y conocimiento en navegación, que conocía sobre el tiempo y la ruta. El capitán le dijo que podían navegar. El oficial le hizo más caso al capitán que a Pablo (versículo *11): "pero el oficial a cargo de los prisioneros les hizo más caso al capitán y al dueño del barco que a Pablo"*. Le prestó atención a las palabras que no debía prestarle atención e ignoró las de Dios, que le advirtió a través de Pablo. Muchas veces llega a nuestro corazón una advertencia, una intuición de no ir a cierto lugar, no asociarnos con ciertas personas, pero vemos que todo luce bien y pasamos por alto lo que vino a nuestro corazón. Luego no nos va bien y decimos: "Lo sabía, había algo dentro de mí que me decía que no lo hiciera".

En una ocasión escuchaba un relato de una mujer que estaba molesta porque el Salmo 91 no le "funcionó". Ella fue a un lugar peligroso y la asaltaron. Ella llamó a un ministerio molesta y confundida. Quien atendió la llamada le dijo que la Palabra de Dios siempre funciona, y comenzó a hacerle preguntas sobre si era necesario que ella fuera a ese lugar peligroso. Cuando ella se calmó, le confesó al ministro que ella tenía un presentimiento constante de que no debía de ir, pero ella fue de todas maneras declarando el Salmo 91 para protegerse. El ministro le dijo que el Salmo 91 estaba funcionando porque Dios la estaba protegiendo al ponerle en su corazón la instrucción de no ir. No ignores nunca esa guianza del Espíritu Santo. La pregunta no es por qué Dios no me protegió, la pregunta correcta es: ¿por qué no le presté atención a lo que Dios puso en mi corazón? Cuando sigues los planes de Dios estás en Su protección, no es que no venga oposición para que te desenfoques o te rindas, pero Él, en medio de todo, te da Su gracia y Su favor para que sigas hacia adelante.

En los versículos del 13 en adelante vemos que vino un viento suave y salieron, pero de repente, vino un huracán llamado "Nororiente" y este se llevó el barco. Estuvieron dentro del sistema por catorce días (versículo 27). Como se ponía peor, comenzaron a echar al mar la carga y parte del equipo del barco para tratar de hacerlo más liviano y que se mantuviera a flote. Dice la Escritura que estaban tan asustados que ni comieron. Supongo que se acordaron de las palabras de Pablo, quien estaba a bordo también. Aunque Pablo estaba claro de la instrucción de Dios, él era prisionero y no tenía control sobre las decisiones de los que estaban a cargo. Pero la protección de Dios estaba con Pablo. De haberle prestado atención a las palabras de Pablo en vez de a las del capitán no hubieran pasado por esta horrible situación ni tampoco hubieran perdido las cosas materiales que tiraron al mar. El versículo 21 dice: *"Nadie había comido en mucho tiempo. Finalmente, Pablo reunió a la tripulación y le dijo: «Señores,* ***ustedes debieran haberme escuchado al principio y no haber salido de Creta****. Así se hubieran evitado todos estos daños y pérdidas".*

Pero en medio de todo esto, Pablo le tenía buenas noticias, versículo 22-26 *"¡Pero anímense! Ninguno de ustedes perderá la vida, aunque el barco se hundirá. Pues anoche un ángel del Dios a quien pertenezco y a quien sirvo estuvo a mi lado y dijo: "¡Pablo, no temas, porque ciertamente serás juzgado ante el César! Además, Dios, en su bondad,* ***ha concedido protección a todos los que navegan contigo****". Así que, ¡anímense! Pues yo le creo a Dios. Sucederá tal como él lo dijo, pero seremos náufragos en una isla».* Dios le concedió protección a todos a causa de Pablo. La versión Reina Valera dice: *"Dios te ha concedido todos los que navegan contigo".* Pablo estuvo intercediendo por ellos. ¡Que bueno es estar con la gente correcta en el momento correcto! El resto del relato especifica que así fue, llegaron vivos a una isla llamada Malta y ahí sucedieron muchas cosas hermosas, hubo gente que se convirtió al Señor, sucedieron milagros, hasta una serpiente venenosa mordió a Pablo y no le hizo daño.

Tal vez puedas pensar, que Dios envió esa tormenta para que todas esas cosas maravillosas sucedieran en la isla Malta. Si fuera así, Dios no le hubiera dicho a Pablo que les dijera a esas personas que no fueran al viaje. Lo que pasa es que Dios tomó lo que el enemigo intentó para matarlos y lo revirtió a favor de él. Recuerda que Pablo no tenía el control de la decisión que tomaron de navegar, ya que él era un prisionero. Así pasa con nosotros, a veces, nos vemos afectados por las malas decisiones que tomaron otros. No te preocupes, porque Dios sabe que eres una víctima de las circunstancias, por lo tanto, Él te va a guardar y a librar. Incluso, al igual que a los que navegaron con Pablo, puede salvar a quien tomó esa mala decisión que te afectó.

Para guardar nuestro corazón es imprescindible ser guiados por el Espíritu Santo y no por lo que escuchamos, vemos o pensamos. Tampoco por el tiempo, la economía, la familia, los amigos, las presiones, las ofertas, las emociones, entre otras. Todos los días tenemos que elegir a cuáles palabras vamos a prestar atención y si vamos a caminar por fe o por vista. Cuando caminas por las veredas que Dios te ha dicho que andes, tienes protección. Me encanta como la traducción "The Message", este declara en *1 Juan 5:18:"Los nacidos de Dios son también los protegidos por Dios. El maligno no puede ponerles una mano encima"*. Yo declaro y creo esa Palabra sobre mí y mi familia. Sé que tú también lo harás.

Termino este libro con esta Escritura en Proverbios para que ahora la leas y medites con calma en ella, pero ahora, con un mejor entendimiento:

Proverbios 4:10-13, 20-27 (NTV)

Hijo mío, escúchame y haz lo que te digo,
y tendrás una buena y larga vida.
Te enseñaré los caminos de la sabiduría
y te guiaré por sendas rectas.
Cuando camines, no te detendrán;
cuando corras, no tropezarás.
Aférrate a mis instrucciones; no las dejes ir.
Cuídalas bien, porque son la clave de la vida.
Hijo mío, presta atención a lo que te digo.
Escucha atentamente mis palabras.
No las pierdas de vista.
Déjalas llegar hasta lo profundo de tu corazón,
pues traen vida a quienes las encuentran
y dan salud a todo el cuerpo.
Sobre todas las cosas cuida tu corazón,
porque este determina el rumbo de tu vida.
Evita toda expresión perversa;
aléjate de las palabras corruptas.
Mira hacia adelante
y fija los ojos en lo que está frente a ti.

Traza un sendero recto para tus pies;
permanece en el camino seguro.
No te desvíes;
evita que tus pies sigan el mal.

Recuerda guardar tu hermoso y valioso corazón. Dios te continúe bendiciendo sobre abundantemente. Su gracia y Su favor son sobre ti y los tuyos.

Proverbios 4:10-13, 20-27 (TPT)

Hijo mío, si te tomas el tiempo para detenerte y escucharme
y abrazar lo que digo,
vivirás una vida larga y feliz
lleno de entendimiento en todos los sentidos.
Te he tomado de la mano por caminos de sabiduría,
señalándote el camino de la integridad.
Tu progreso no tendrá límites cuando vengas conmigo,
y nunca tropezarás mientras caminas por el camino.
Recibe, pues, mi corrección por más difícil que sea tragarla,
porque la sabiduría te devolverá a tu lugar—
sus palabras te darán vida vigorizante.
Escucha con atención, hijo mío, todo lo que te enseño,
y presta atención a todo lo que tengo que decir.
Llena tus pensamientos con mis palabras
hasta que penetren profundamente en tu espíritu.
Entonces, mientras desenvuelves mis palabras,

impartirán vida verdadera y salud radiante
en el centro mismo de tu ser.
Así que, sobre todo, guarda los afectos de tu corazón,
porque afectan todo lo que eres.
Presta atención al bienestar de tu ser más íntimo,
porque de allí brota el manantial de la vida.
Evita el lenguaje deshonesto y las palabras pretenciosas.
¡Libérate de usar palabras perversas pase lo que pase!
Pon tu mirada en el camino que tienes delante.
Con propósito fijo, mirando al frente,
ignora las distracciones de la vida.
¡Mira por dónde vas!
Sigue el camino de la verdad,
y el camino será seguro y llano delante de ti.
No te dejes desviar ni por un momento
o tomes el desvío que conduce a la oscuridad.

ORACIÓN PARA RECIBIR A JESÚS COMO SALVADOR

La Biblia dice en Romanos 10:9-10 (RVR1960): "que si confesares con tu boca que Jesús es el Señor, y creyeres en tu corazón que Dios le levantó de los muertos, serás salvo".

Jesús, confieso con mi boca que tú eres mi Señor y Salvador. Creo en mi corazón que Dios te levantó de los muertos. Gracias por ser mi sustituto en aquella cruz llevando mis pecados y mis enfermedades. Recibo tu salvación.

Si hiciste esta oración has nacido de nuevo en tu espíritu y ha sido la mejor decisión de tu vida. Eres ahora un(a) hijo(a) de Dios y todas Sus promesas te pertenecen.

MATERIAL ADICIONAL DE LA AUTORA

Dios quiere bendecirte y darte una vida larga y plena, por otro lado, Satanás no tiene los mismos planes, él quiere destruirte y sabe que la única manera de que vivas derrotado es si quitas tu mirada de Dios. Para lograrlo traerá muchas distracciones a tu vida con el objetivo de alejarte cada vez más de Dios para mantenerte distraído; de esa manera, serás presa fácil para él. Guiada por el Espíritu Santo, la autora te mostrará diez distracciones comunes que Satanás utiliza para estorbar nuestra fe y mantenernos enfocados en otras cosas.

Estas serán discutidas sustentadas por varias Escrituras y de cada una de ellas Dios te enseñará como combatirlas por medio de Su Palabra y ejerciendo la autoridad que Él ya te dio. Dios quiere cumplir cada sueño y cada anhelo de tu corazón. Quiere bendecirte, traer libertad y conocimiento a tu vida para que disfrutes a plenitud las bendiciones que te pertenecen y que el enemigo no quiere que disfrutes. El fin es que a través de este libro tus ojos espirituales sean abiertos y puedas vivir a plenitud todas las bendiciones que Dios adquirió para ti en aquella cruz.

Buscar la aprobación constante de la gente es una carga demasiado pesada, incluso es un arma de Satanás para oprimirte, drenanarte y evitar que disfrutes de las bendiciones que Dios tiene para ti. Es increíble cómo a algunas personas no les importa la opinión de los demás, mientras practican toda clase de conducta contraria a lo establecido por Dios; sin embargo, para algunos cristianos se les hace tan difícil tomar posturas firmes en la Palabra porque piensan en la opinión de los demás por encima de la opinión de Dios. Esto no debe ser así. En este libro, la autora te muestra cómo ser libre de la aprobación de la gente para poder vivir en la libertad que ya Jesús compró para ti.

Para tomar decisiones correctas es de vital importancia aprender a escuchar la voz de Dios. ¡Cuántos problemas nos evitaríamos! ¡Cuántas personas aún estarían vivas! Dios siempre nos habla y en las Escrituras se establece que Sus ovejas oyen Su voz y lo siguen. En este libro la autora comparte contigo las diferentes formas de cómo Dios nos habla y cómo discernir si esa "voz" que escuchas es de Dios, es tuya o es de Satanás. La autora ora para que este pequeño libro sea de mucha bendición y edificación a tu vida, para que tus oídos espirituales sean abiertos y puedas discernir Su voz y seguir Su guianza la cual siempre te llevará a hacer Su voluntad que es buena, agradable y perfecta.

Made in the USA
Columbia, SC
15 October 2024